Angela Adhikari,
Dr. Eva Fenrich,
Dirk Johannsen,
Gabriele Kerber,
Ulrike Loy,
Sonja Ohm,
Rita Wösten und
Alexandra Zwigard

Körperorientierte Stressbewältigung

Unterrichtsstörungen beheben, Lernblockaden lösen, Konzentration steigern

Cornelsen

Hinweis zu den Fallbeispielen: Die in den Fallbeispielen verwendeten Namen sind fiktiv und frei gewählt und dienen ausschließlich der Veranschaulichung und dem besseren Verständnis des Inhalts.

Projektleitung: Maren Krüger, Berlin

Redaktion: Juliane Baumann, Berlin

Umschlaggestaltung: Corinna Babylon, Berlin / Ulrike Loy, Neuss

Illustrationen: Ulrike Loy, Neuss

Layoutkonzept: Studio SYBERG, Berlin

Technische Umsetzung: Reemers Publishing Services GmbH, Krefeld

www.cornelsen.de

1. Auflage, 2. Druck 2024

Druck: Athesiadruck GmbH

ISBN 978-3-589-16911-5

Let us promote resilient nervous systems in schools and invite more optimism and joy to quality education!

Alé Duarte, körperorientierter internationaler Trainer für Kinder, Jugendliche und Familien

Stärken wir die Schulgemeinschaft mit resilienten Nervensystemen und laden wir Freude und Optimismus in hochwertige Bildung ein!

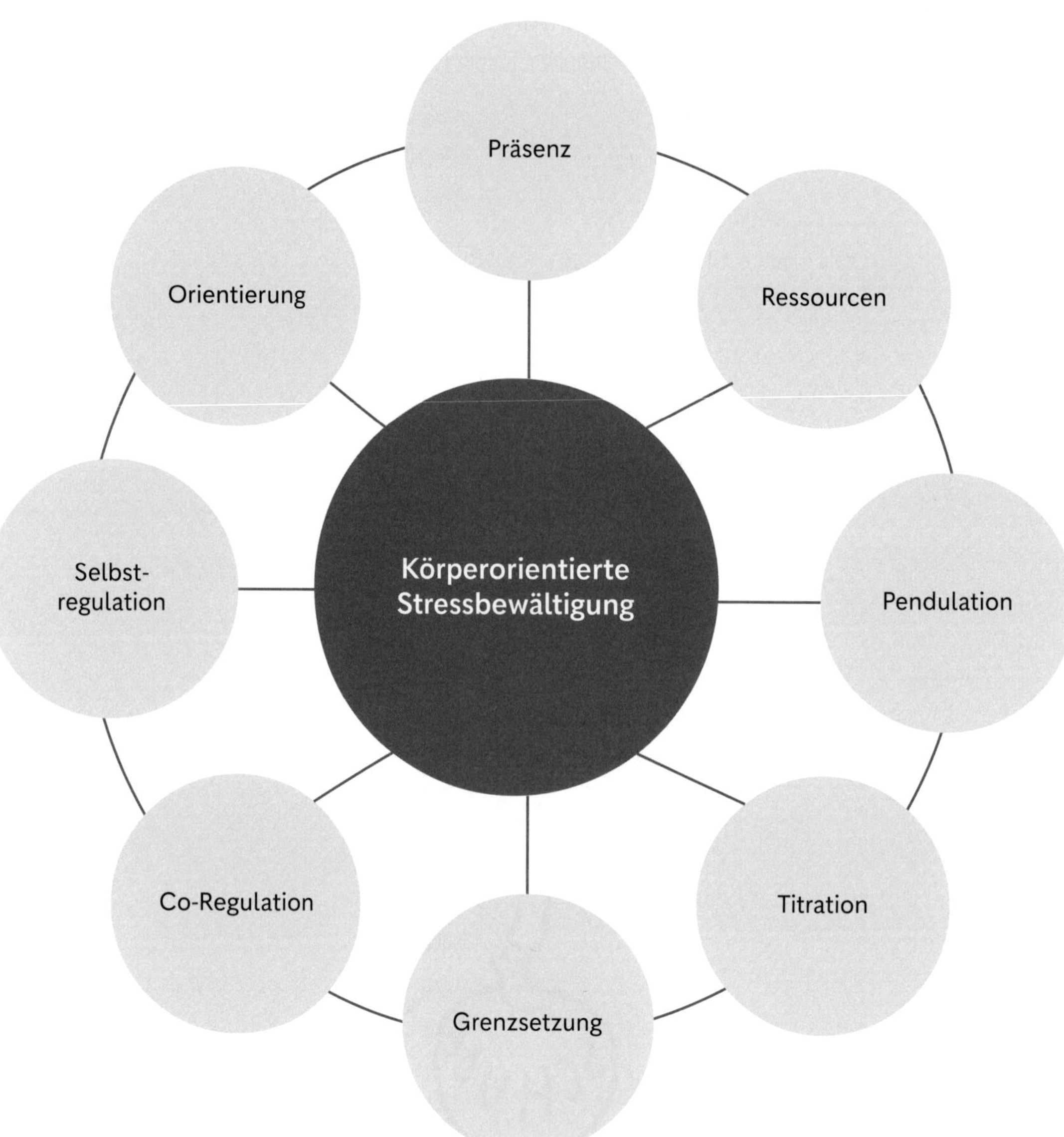
Präsenz
Orientierung
Ressourcen
Selbst-
regulation
Körperorientierte
Stressbewältigung
Pendulation
Co-Regulation
Titration
Grenzsetzung

Inhaltsverzeichnis

Vorwort

Wir freuen uns, dass Sie dieses Buch in Ihren Händen halten und möchten Sie mitnehmen, liebe Leserinnen und liebe Leser, auf dem Weg zu einer körperorientierteren Stressbewältigung in der Schule und damit zu einem effizienteren Lernen.

Immer häufiger fallen Schülerinnen und Schüler durch unruhiges oder abwesendes Verhalten auf. In diesem Umfeld ist es sehr anstrengend die anspruchsvollen Bildungsaufträge zu vermitteln. Die aktuellen gesellschaftlichen und sonstigen schulischen Herausforderungen beanspruchen alle beteiligten Menschen. Der Weg zu mehr Resilienz führt über das neugierige Entdecken des eigenen Körpergespürs. Genau hier, wo wir Abläufen im Nervensystem begegnen, ist es möglich, den persönlichen Stresspegel positiv zu beeinflussen.

Aus verschiedenen Bundesländern vom hohen Norden bis in den Süden Deutschlands haben wir für Sie unsere Kompetenzen und Erfahrungen zusammengetragen. Es war uns wichtig, den Buchinhalt so zu gestalten, dass für das Verstehen und die Anwendung keine fachspezifischen Vorkenntnisse über das Nervensystems von Ihnen benötigt werden. So können Sie unter anderem anhand von konkreten Fallbeispielen aus unserem Schulalltag anschaulich die Wirkungsweise verschiedener Methoden körperorientierter Stressbewältigung kennenlernen.

Seit den siebziger Jahren wurde das Basiskonzept Somatic Experiencing (SE)® zur Lösung von (traumatischem) Stress entwickelt und bildet die Grundlage für dieses Buch.[1] Es unterstützt inzwischen maßgebend über den therapeutischen Kreis hinaus Menschen in verschiedenen Berufssparten weltweit. Entwicklungen und Erkenntnisse der letzten Jahre aus der neurowissenschaftlichen Forschung bestätigen die Vorgehensweisen des Basiskonzepts. Die grundlegende Vorstellung des Themas und die Darstellung der Strategien zur körperorientierten Stressbewältigung in diesem Buch können für Sie als Lehrkraft und auch für Ihre Schülerinnen und Schüler hilfreich werden.

Automatisierte, körpereigene Muster können Sie, liebe Leserinnen und Leser, dank Ihrer eigenen Erfahrung, Ihres Wissens und Ihres Körper- bzw. Bauchgefühls situativ erkennen und auch verändern. Durch eine bewusste Körperwahrnehmung entstehen neue Möglichkeiten im Umgang mit Stress in der Schule und so kann mehr Resilienz entwickelt werden. Wir möchten Sie einladen, sich mit freundlicher Aufmerksamkeit Ihrem Körper zuzuwenden und dessen Signale wahrzunehmen.
Ihr persönlicher Stresspegel kann sich deutlich verändern und nachhaltig kleiner werden.

In diesem Sinne möchten wir Sie zum Forschen, Ausprobieren und Entdecken anregen und wünschen Ihnen, dass Sie neue Erkenntnisse aus diesem Buch gewinnen, die Sie bei einem erfüllenden Unterrichten unterstützen.

Angela Adhikari, Dr. Eva Fenrich, Dirk Johannsen, Gabriele Kerber,
Ulrike Loy, Sonja Ohm, Rita Wösten und Alexandra Zwigard

1 Körperorientierte Stressbewältigung mit dem Nervensystem

1.1 Körperreaktionen, Dr. Peter A. Levine und sein Basiskonzept

Eine Maus huscht durch das dichte Grün am Fluss. Sie ist auf dem Weg zu ihrem Bau. Plötzlich bemerkt sie, wie ein großer Kater sich vor das Gebüsch auf die Lauer legt. Das Mäuschen reagiert alarmiert; es wird mucksmäuschenstill und stellt sich tot. Der Kater findet die Maus nicht und verlässt den Garten. Da rennt die kleine Maus in ihren Bau.

Was hat diese Tiergeschichte mit körperorientierter Stressbewältigung zu tun? Vielleicht kennen Sie solche Reaktionen, wie „mucksmäuschenstill werden“ oder „sich totstellen“. Auch wir Menschen verstummen oder erstarren angesichts einer übermächtig erscheinenden Bedrohung und lassen sie über uns hinwegziehen.

In diesem Buch möchten wir Mut machen, auf Körperreaktionen zu vertrauen. Der Körper zeigt uns den Weg. Schauen wir nochmal kurz auf die Maus: Das Mäuschen geht in Schockstarre, um nicht gefressen zu werden. Sobald es sich wieder sicher fühlt, kehrt es in die Mobilität zurück und läuft schnell in seinen Bau in Sicherheit.

Das bewusste Hinschauen auf Prozesse im Körper ist anfangs vielleicht ungewohnt. Es lohnt sich aber allemal, denn wir Menschen haben die biologische Fähigkeit Stress, sogar extremen Stress, im Körper zu lösen. Dieser bahnbrechenden Erkenntnis liegen jahrzehntelange Forschungen zugrunde, die im Basiskonzept „Somatic Experiencing (SE)®“ zusammengetragen wurden.[2] Dr. Peter A. Levine, der Entwickler dieses Konzepts, zählt zu den bedeutendsten Stress- und Traumaexperten unserer Zeit. Er entdeckte in den 1970er Jahren anhand von Tierbeobachtungen, dass Stress und Trauma unvollendete natürliche Abläufe im autonomen Nervensystem sind. Der in Biophysik und Psychologie promovierte Wissenschaftler fand heraus, dass Menschen über das Nachspüren von körperlichen Empfindungen (traumatischen) Stress im Nervensystem lösen können und damit wieder ruhiger und gelassener werden.

Inzwischen hat Dr. Levine viele Jahrzehnte in multidisziplinären Studien zu Stressphysiologie, medizinischer Biophysik, Psychologie, Biologie und Neurowissenschaften geforscht und gearbeitet. Er formte mit seinem körperorientierten, ganzheitlichen Ansatz ein ganz neues Verständnis von Trauma und chronischem Stress. Hier ein Einblick im Kurzformat:

Erreicht ein Stresspegel im Menschen eine bestimmte Höhe, wird **im autonomen Nervensystem** ein **Alarmzustand** ausgelöst. Die Person hat dann zum Beispiel einen erhöhten Blutdruck, wird unruhig, aggressiv oder bekommt Angst.
Tritt keine Beruhigung ein, so steigt der Stresspegel im Körper noch weiter. In dem Fall schaltet das autonome Nervensystem um auf den **Schockzustand.** Der Mensch zieht sich zum Beispiel zurück, fühlt sich benommen, friert, ist erschöpft.
Bleibt der Schockzustand im autonomen Nervensystem bestehen und wird nicht aufgelöst, so ist dies das **„Trauma“**.
Also nicht das (schockierende) Ereignis, sondern wie der Körper des Menschen darauf reagiert, bestimmt den Stresspegel und das Trauma.[3]

Nehmen wir das Erlebnis eines Fußgängers als Beispiel zur Verdeutlichung:

Ein junger Mann setzt an einer Straßenkreuzung den ersten Fuß auf den Zebrastreifen, um die Straße zu überqueren. Plötzlich biegt ein rotes Auto rasend schnell ab. Die eilige Fahrerin bemerkt den Fußgänger und den Zebrastreifen nicht. Gerade noch rechtzeitig bleibt der Fußgänger erschrocken stehen und verhindert damit einen Unfall. – Seit dem Tag aber zuckt der junge Mann zusammen, wenn ein rotes Auto angefahren kommt.

Natürlich ist ein rotes Auto an sich keine Bedrohung. Das weiß der junge Mann und dennoch zuckt er, wann immer er eins sieht, zusammen. Die große Gefahr, die an dem Tag von dem roten Auto für ihn ausging, ist vorbei und war auf genau diesen Moment begrenzt. In seinem autonomen Nervensystem ist jedoch noch der hohe Stresspegel aktiv und der junge Mann reagiert weiter so, als wäre die Gefahr durch das rote Auto noch nicht beendet. Mit dem Auflösen von solchen unbewussten Reaktionen arbeitet Somatic Experiencing (SE)®.

1.2 Die Ebene der Empfindungen und der „Felt Sense"

Wir möchten Ihnen an dieser Stelle Mut machen, auf Ihren eigenen Körper wie auf einen Freund zu hören. Was braucht er vielleicht gerade? Fühlen Sie sich wach und neugierig oder etwas müde und möchten Sie kurz die Beine hochlegen oder etwas trinken? Atmen Sie tief ein und aus oder eher flach?

Gerade dieses Nachspüren ist das zentrale Element der körperorientierten Stressbewältigung. Die Ebene der Empfindungen – was wir selbst im Körper wahrnehmen – ist wesentlich für die Lösung von Stress im autonomen Nervensystem und der Mensch kommt mehr in die Entspannung.

Schauen wir uns ein paar Beispielwörter an, die Empfindungen körperorientiert beschreiben:

- angenehm
- atemlos
- blockiert
- dicht
- elastisch
- eng
- erstickend
- flüssig
- gefroren
- geschwollen
- hart
- kalt
- leicht
- locker
- nervös
- offen
- schwer
- stachelig
- taub
- verengt
- verstopft
- warm
- weich
- zittrig
- zuckend

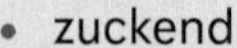

Übung:

Nun laden wir Sie ein aktiv zu werden. Bitte suchen Sie sich zwei, drei der zuvor im Kasten aufgeführten Wörter heraus, die Ihnen gerade spontan zusagen. In diesem Buch kommen später auch noch weitere Mitmach-Aufgaben, da das körperliche Erleben eben kein spezifisches Buchwissen ist, sondern ein körperorientiertes Wissen.

Markieren Sie die gefundenen Wörter oder schreiben Sie sie hier auf:

Jetzt beginnt die nähere Betrachtung. Vielleicht mögen Sie eins der eben gewählten Wörter näher anschauen und auf Ihr eigenes Körpergespür hin überprüfen. Gibt es eine Stelle in Ihnen, wo genau diese Empfindung gerade zu spüren ist? Eher im Bauchraum, im Herzen, rechts, links, im Fuß, ...? Wenn Sie mögen, können Sie zum Nachspüren kurz die Augen schließen.

Machen Sie sich hier eine kurze Notiz zu Ihren Empfindungen:

Manchmal braucht es anfangs einige Zeit, sich überhaupt mit den eigenen Körperempfindungen zu beschäftigen. Nichts wahrzunehmen kann auch ein Zeichen von Entspannung sein. Als Einstieg in die körperorientierte Stressbewältigung kann es hilfreich sein, auf die eigene Atmung zu achten und zu spüren, wie sich der Brustkorb hebt und senkt, der Bauch sich weitet und wieder einzieht.

Hier finden Sie ein kurzes Beispiel aus der Schule, um das Körpergespür noch ein wenig deutlicher zu machen:

Eine Mittelstufenschülerin wartet auf die Mitteilung ihrer mündlichen Note. Vor ihr sind noch viele andere dran, um sich mit der Lehrkraft zu besprechen. Das Mädchen wird immer aufgeregter. Ob Sie ihre gute Note vom letzten Halbjahr halten kann? Jetzt spürt sie die Anspannung deutlich in ihrem Magen. Es fühlt sich an, als zieht sich etwas Schweres dort wie ein dickes Handtuch immer fester zusammen, mit einem Strick eng verschnürt. Fast so hart wie ein Stein ist es nun. – Da kommt sie dran, und die Lehrerin beglückwünscht sie zur Eins. Sie atmet auf, die Magenschmerzen sind wie weggeblasen. Ihr Herz hüpft vor Freude.

Wir können die Bedeutung eines Themas oder einer Situation körperlich spüren und nachempfinden. Dieses Körpergefühl, das auch „Felt Sense"[4] genannt wird, zeigt sich bei dem Beispiel der aufgeregten Schülerin in ihren Empfindungen von Schwere, Enge und Härte sowie spürbarer Erleichterung und Freude. Es werden auch Bildvergleiche genannt, womit der Felt Sense ebenfalls beschrieben werden kann.

Über das Nachspüren können wir uns mit dem eigenen Körper noch mehr vertraut machen. Auch besitzen wir damit ein inneres Handwerkszeug zur Bewältigung von (traumatischem) Stress und stärken unsere Resilienz. Wie das genau geht, davon handelt dieses Buch in Bezug auf Schulsituationen.

Wir können die Sprache des Körpers, die sich ohne Worte aber durch Empfindungen äußert, nach und nach erlernen. Beim Nachspüren, was gerade im Innern auf Körperebene passiert, kommen wir in Kontakt mit unserem Felt Sense und der Ebene des autonomen Nervensystems.

1.3 Das autonome Nervensystem und die Polyvagaltheorie

Für das grundlegende Verständnis von Stressbewältigung ist es sehr hilfreich, die Funktionsweise des autonomen Nervensystems kennenzulernen.

Wie die Bezeichnung „autonom" schon sagt, sind Reaktionen im autonomen Nervensystem nicht dem bewussten Willen unterworfen. Sie laufen unbewusst, also vegetativ, ab. Das autonome Nervensystem ist auch unter dem Namen vegetatives Nervensystem bekannt und teilt sich in die zwei großen Nervenstränge **Sympathikus** und **Parasympathikus**. Es regelt alle Abläufe im Körper, die man nicht mit dem Willen steuern kann. Diese sind zum Beispiel der Herzschlag und der Stoffwechsel.[5]

Im Jahr 1994 stellte der Professor für Psychiatrie Dr. Stephen Porges nach jahrelanger Vorbereitung seine Polyvagaltheorie vor.[6] Er formuliert darin bahnbrechende Erkenntnisse zum autonomen Nervensystem und zum Thema Stress. Das Wort polyvagal leitet sich ab von „poly" – viel – und „vagal" – zum Vagusnerv gehörend. Der Forscher geht in seiner Theorie davon aus, dass der Nervus Vagus, welcher der größte Nerv im parasympathischen Teil des autonomen Nervensystems ist, zwei Teile besitzt, einen vorderen (ventralen) Strang und einen hinteren (dorsalen) Strang. Kurz und knapp sieht Porges die Wirkweise des autonomen Nervensystems wie folgt:

Befindet sich der Mensch in einem **Gefühl von Sicherheit und sozialer Verbundenheit**, so ist **der vordere Zweig des Vagusnervs** aktiv. – Sobald der Stresspegel steigt, wird der **Sympathikus** aktiviert, welcher **Energie mobilisiert** und den Menschen zum Beispiel unruhig, (hyper)aktiv, wütend oder ängstlich werden lässt. – Steigt der Stresspegel noch stärker an, so greift **der hintere Zweig des Vagusnervs** und der Mensch erstarrt, geht in den sogenannten „**Freeze**", zieht sich zurück, resigniert und wird eventuell depressiv.[7]

Anzustreben wäre, wenn eine Person in der Lage ist, sich durch die drei Zustände im Nervensystem (Sicherheitsgefühl, Mobilisierung von Energie, Erstarrung bzw. Freeze) flexibel auf und ab zu bewegen. Dies sähe dann im Alltag so aus: Mal ist ein Rückzug angesagt (zum Beispiel zum Deeskalieren), mal eine Mobilisierung von Energie (um die persönlichen Grenzen zu verteidigen, → Kapitel 4.4) und vorwiegend würde ein Gefühl für soziale Verbundenheit herrschen (zum Beispiel beim guten Miteinander im Kollegium). Diese Person ist dann nicht durch (traumatischen) Stress belastet, sie findet den Weg durch die drei Zustände im autonomen Nervensystem.

Wie Sie sehen, greifen die Inhalte dieses Kapitels vielschichtig ineinander. Schon zu Beginn hatten wir Ihnen das Stress- und Trauma-Verständnis von Somatic Experiencing (SE)® erklärt. Jetzt kennen Sie auch die dazugehörigen Nervenstränge und wissen, wie das autonome Nervensystem nach der Polyvagaltheorie grundlegend funktioniert. Diese findet weltweit Anklang und wird praktisch umgesetzt.

Eine kleine Geschichte mag das vegetative Nervensystem nochmal etwas (mit Humor) verdeutlichen. Anzumerken ist, dass die Story frei erfunden, vielleicht am ehesten als mnemotechnischer Beitrag für Sie als Leserinnen und Leser zu verstehen ist.

Herr Wohlgemut stammt aus dem vorderen Vagus-Land und ist gewohnt, sich selbst pudelwohl fühlen zu können. Er trifft regelmäßig seinen Freundeskreis und ist auch sonst eine aufgeschlossene, offene Person im besten Alter. Über ihm in der Etage lebt die hyperaktive Nachbarin Frau Kampfflucht. Sie muss oft viel erledigen und ist stets in ihrem roten Sympathikus-Auto unterwegs, mit dem sie hitzig oder auch wütend und ängstlich herumrast. Im dritten Stock dieses willenlosen Hauses lebt Herr Extremruhig. Er befindet sich in hinterer-Vagus-Zurückgezogenheit. Gern würde er sich wie Herr Wohlgemut aus dem Erdgeschoss pudelwohl fühlen, aber er kann es nicht, denn dafür müsste er erst die Treppe hinuntersteigen und eine Runde mit Frau Kampfflucht im roten Auto herumrasen. Dies wäre ihm viel zu viel. Also wartet er ab, bis Frau Kampfflucht mit ihm nur einmal kurz eine kleine Runde fährt um ihn dann bei Herrn Wohlgemut, der gerade mit seinen Freunden plaudert, abzusetzen. Die Nachbarin hält ihr Auto an und da lädt Herr Wohlgemut sie sogleich beide ein. Vorsichtig treten Frau Kampfflucht und Herr Extremruhig ins Erdgeschoss ein und das Beisammensein gefällt den Dreien so gut, dass sie beschließen, Herrn Wohlgemut öfter mal zu besuchen. – Die Mentalität des vorderen-Vagus-Landsmanns ist einfach genial!

Vielleicht konnten Sie den einen oder anderen Nervenstrang und seine Wirkweise in den drei Bewohnern dieses Hauses wiedererkennen? Hatten Sie Spaß beim Lesen oder war die Geschichte Ihnen zu seltsam? Auch hier laden wir Sie ein, nachzuspüren und kurz zu prüfen, wie es Ihnen jetzt gerade geht.

Kommen wir nun zurück in die reale Welt und schauen uns eine alte Schultafel an. Darauf haben wir für Sie die Inhalte der Polyvagaltheorie noch einmal kurzgefasst dargestellt. Wichtig ist zu erkennen, dass der Stresspegel von der ersten zur dritten Etage ansteigt. Wir gehen auf die Auswirkungen dieser Steigerung nach und nach im Buch ein.

Die Begriffe auf der linken Seite in der Schultafel kennen Sie bereits. Sie zeigen unsere drei Möglichkeiten auf den Stresspegel im Nervensystem zu reagieren – soziale Verbundenheit (bei keinem oder kaum Stress), Kampf- oder Fluchtreaktionen (bei steigendem Stress), Freeze bzw. Erstarrung (bei extremem Stress).

Das Besondere an der Übersicht ist der Bezug zu den alltäglichen Worten „Ich kann …" – „Ich muss / Ich soll …" – „Ich kann nicht …" Wir veranstalten eine kleine Erkundungsreise:

 **Übung:**

Bei der folgenden Übung geht es darum, wahrzunehmen, wie die Worte in der untersten Reihe der Tafel auf Sie wirken, welche Körperempfindungen auftauchen, wenn Sie *„soziale Verbundenheit, Ich kann ..., neugierig, freudig, offen, mitfühlend"* lesen. Wenn Sie mögen schließen Sie für einen Moment die Augen und lassen die Worte wirken. Wird es Ihnen warm ums Herz oder spüren Sie vielleicht eine Weite? Oder sind die Worte einfach nur angenehm? Kommt ein tiefer Atemzug? Gibt es Widerwillen, eine Aufgeregtheit oder ein Lächeln? Erinnert es Sie vielleicht an den Herrn Wohlgemut aus der Geschichte?

Sie können hier Ihre Wahrnehmungen aufschreiben – dieses Buch ist wie gesagt nicht nur ein Ratgeber, sondern auch ein Arbeitsbuch, in dem wir Sie mitnehmen möchten, die Wirkung des autonomen Nervensystems neugierig zu erkunden.

1.4 Die drei Gehirnteile und was sie mit Stressbewältigung zu tun haben

Unser Nervensystem wie auch unser Gehirn hat sich über viele hundert Millionen Jahre entwickelt. Von den ersten Reptilien, deren Überlebensstrategie der sogenannte Totstell-Reflex war, haben wir Menschen unsere älteste Gehirnebene geerbt. Der Hirnstamm ist zuständig für essenzielle Lebensfunktionen, wie die Atmung, wichtige Reflexe oder den Blutdruck. Später entwickelte sich dann das limbische System, der Sitz für die Gefühle und als letztes der Neokortex, der Sitz unseres Denkens.[8]

Alle drei Gehirnebenen arbeiten ständig miteinander. Empfindungen, Gefühle und Denken sind eng miteinander verwoben. Dies mag bedacht werden, wenn wir in manchen Situationen mit dem strategischen Denken nicht weiterkommen. Über Gefühle Menschen anzusprechen, ist sicherlich bekannt (zum Beispiel in der Werbung). Dass wir aber auch über unsere inneren Empfindungen mit Menschen in Kontakt treten können, ist eher eine neuere bewusste Erkenntnis und wird in der körperorientierten Stressbewältigung mit dem Nervensystem grundlegend eingesetzt.

Zu den drei Gehirnteilen hier eine Übung zum Mitmachen:

 **Übung:**

Unsere Hand besteht aus der Handfläche, dem Daumen und vier weiteren Fingern. Sie lässt sich geschmeidig bewegen. Der Daumen kann auf die Handfläche gelegt werden. Schaut man vom Handrücken darauf, so ist der Daumen dann „verschwunden". Klappt man die vier Finger über den Daumen – sind auch sie von oben gesehen etwas kürzer und der obere Teil von ihnen nicht sichtbar. Man nennt die Haltung auch „Daumendrücken". Diese Handhaltung kann das dreiteilige Gehirn verdeutlichen. – Die vier Finger stehen für den Neokortex, das Denken. Wir nutzen es täglich offensichtlich, vor allem auch in der Schule. Unter den Fingern liegt der Daumen, der für die Gefühle im limbischen System steht. Wir wissen zum Beispiel, dass wir unsere Schülerinnen und Schüler durch gute Beziehungsarbeit und spannenden Unterricht immer wieder zu fesseln vermögen. Darunter liegt die Handfläche, welche den Hirnstamm mit Sitz der Empfindungen symbolisiert. Das Spüren von Körperempfindungen, wie zum Beispiel Magenknurren, Herzklopfen oder einen Kloß im Hals, dürfen wir miteinbeziehen in unseren

Unterricht, dann nutzen wir unser ganzes Potenzial, unsere ganze Hand. – Wir tragen also jederzeit unser dreiteiliges Gehirnmodell mit uns herum!

1.5 Das Toleranzfenster

Abschließend für dieses erste Kapitel möchten wir das „Stress-Toleranzfenster“[9] nach Daniel Siegel (Professor für Psychiatrie) mit Ihnen teilen. Es ist unabhängig von der bereits vorgestellten Polyvagaltheorie und kann ein guter Hinweis darauf sein, wie wichtig es ist, dass wir unsere persönlichen Grenzen gut kennen und nicht ständig überschreiten sollten.

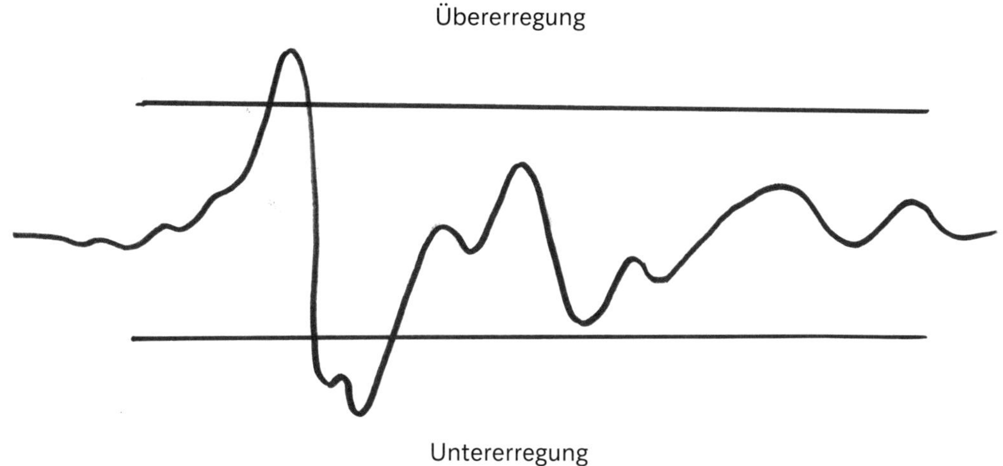

In der Mitte liegt die gut funktionierende Komfortzone, unser **„window of tolerance“**. Oberhalb des Toleranzfensters zeigt sich der Bereich der nervlichen Übererregung (d.h., die Auswirkungen eines stark aktivierten Sympathikus). Unterhalb des Toleranzfensters zeigt sich der Bereich der Untererregung (d. h., ein überreizter hinterer (dorsaler) Vagusnerv als Teil des Parasympathikus).

Bewegen wir uns innerhalb des Toleranzfensters, so können wir mit dem Stresspegel gut umgehen. Wir fühlen uns entspannt genug, um unser Leben souverän zu handhaben und aktiviert genug, um motiviert unsere Vorhaben voranzubringen. Steigt der Stresspegel an, sodass wir nicht mehr mit ihm umzugehen vermögen, durchbrechen wir aufgrund der hohen Aktivierung im Nervensystem unsere Toleranzgrenze und kommen in Übererregung. Gedankenrasen, Ärger, Wut, Anspannung sind Zeichen dieses Außer-sich-Seins oberhalb des Toleranzfensters. Steigt die Aktivierung noch höher, führt der normalerweise beruhigende, aber jetzt wie eine Bremse wirkende hoch aktivierte Parasympathikus zur Untererregung und damit zum Abschalten, zu Taubheit und Ohnmachtsempfinden. Die hohe Aktivierung stürzt unterhalb des Toleranzfensters ab. Immobilität, Erschöpfung, Resignation bis hin zu Depression und ein Feststecken im „Nix geht mehr“ sind Folgen einer Untererregung.

Das Toleranzfenster für sich selbst zu entdecken kann spannend sein. Dieses Modell kann hilfreich sein, um auf die eigene Komfortzone zu achten und auch zu bemerken, wenn man mal „drüber“ und mal „drunter“ ist. In diesem Buch werden Sie viele Anregungen erhalten, wie Sie sich im Schulalltag gut innerhalb der Komfortzone bewegen können, damit Unter- und Übererregungen nicht überhandnehmen und der Arbeitsalltag gut gelingt.

Lesen Sie in den nächsten Kapiteln, wie sich Aspekte der Stress- und Trauma-Forschung im Schulalltag anwenden lassen.

2 Das Basiskonzept Somatic Experiencing (SE)® in der Schule

2.1 Körperorientierte Stressbewältigung und wofür sie in der Schule gut sein kann

Der kleine neue Schulhund tapst durch den Klassenraum der vierten Klasse, streckt sich, gähnt und legt sich in sein Körbchen vorne in der Ecke. Die Lehrkraft redet mit ruhiger Stimme, um den Hund nicht zu stören, die Schülerinnen und Schüler machen es ihr nach. Eine angenehme Atmosphäre breitet sich im Raum aus, vielleicht auch ein Staunen und leises Raunen. Die Entspannung und Ruhe, die eintreten, sind geradezu fühlbar.
Anders reagiert an einer anderen Schule die siebte Klasse auf den neuen großen Schulhund. Der Boxer hat gerade den Schulhundeführerschein bestanden und darf nun zweimal in der Woche mit seinem Herrchen, dem Klassenlehrer, in die Schule kommen. Eine Hundehütte aus Holz steht für ihn neben dem Lehrertisch, sie ist entsprechend der Hundegröße recht hoch und breit. Zunächst betrachten die Schülerinnen und Schüler den Schulhund etwas argwöhnisch, manche auch etwas ängstlich, lassen sich aber schon bald von seinem sanften und gutmütigen Wesen überzeugen. Respektvoller und freundlicher Umgang ist plötzlich in der Klasse möglich.

Die hier geschilderten Situationen zeigen deutlich, was so ein kleiner oder großer Schulhund in einer Klasse bewirken kann. Plötzlich verändert sich die Atmosphäre im Raum, die Achtsamkeit der Anwesenden nimmt zu und der Stresspegel in ihren Nervensystemen nimmt ab.

Schulhunde sind an unseren Schulen eine Ausnahme; jede Schule und auch jede Lehrkraft kann sich allerdings mit ihren eigenen Methoden um ein gutes und lernbereites Klassenklima bemühen. Die Möglichkeiten Stress zu reduzieren sind vielfältig.

Wir möchten Sie einladen, mit den in diesem Buch vorgestellten Elementen von Somatic Experiencing (SE)® körperorientierte Stressbewältigung in der Schule einzusetzen. Es geht um die Arbeit mit den biologischen Grundlagen unseres Nervensystems, welche maßgebend die Schularbeit erleichtern können. Die Kenntnis über innere Prozesse ermöglicht einen wertschätzenden Umgang mit sich selbst sowie auch mit allen, die zusammen in unterschiedlichsten Stresssituationen den Schulalltag erleben.

Wie oft müssen Lehrkräfte sich mühevoll durch den Alltag kämpfen! – Vielleicht haben Sie gerade zu diesem Ausruf, der sich auf die Herausforderung der Arbeit als Lehrerin und Lehrer bezieht, eine Empfindung, die wahrnehmbar ist? Fühlen Sie sich gesehen und daher erleichtert? Drückt eventuell etwas Schweres im Nacken, hängen die Schultern ein wenig tiefer, liegt etwas Schweres auf der Brust – oder schütteln Sie einfach den Kopf und meinen: „Nein, mein Alltag ist doch genau so, wie ich ihn mag!"? Es lohnt sich, kurz innezuhalten und die gerade anwesenden Empfindungen wertfrei wahrzunehmen, ohne etwas damit zu tun. Das Nachspüren allein bringt uns bereits mitten hinein in die Arbeit mit dem autonomen Nervensystem.

Wir dürfen lernen, alle drei Gehirnebenen in das Bemühen, um hochwertige Bildung mit einzubeziehen. Allein mit dem kognitiven Denken können wir unseren Kindern und Jugendlichen in einer sich immer weiter und schneller verändernden Welt nicht mehr adäquat gerecht werden. Die Erkenntnisse der Neurowissenschaft und Gehirnforschung machen deutlich, dass neben dem Neokortex, dem

Sitz des Denkens, auch das limbische System, dem Ort der Emotionen, und der Hirnstamm, wo der Spürsinn seinen Platz hat, beachtet und berücksichtigt werden müssen. Das Anliegen dieses Buches ist es, Ihnen moderne, ganzheitliche, körperorientierte Methoden an die Hand zu geben, damit gelingendes soziales Miteinander und konzentriertes Lernen Hand in Hand gehen können. Da die drei Gehirnebenen stets zusammenarbeiten, ist es an der Zeit, alle drei auch für die Schule zu nutzen und sowohl das Denken, die Gefühle als auch notwendigerweise die Körperempfindungen in den Unterricht und den gesamten Schulalltag mit einzubeziehen.

2.2 Wie lassen sich mit Elementen des Basiskonzepts Unterrichtsstörungen beheben?

Die Frage, was genau Unterrichtsstörungen sind und wie sie behoben werden können, ist vielfältig zu beantworten. Jede Lehrkraft hat vermutlich einen eigenen Blickwinkel und damit einen etwas anderen Ansatz. Eine Person stört vielleicht schon das Zusammenknüllen von Papier, während eine andere sich erst gestört fühlt, wenn ein Stuhl umfällt. Dies liegt auch daran, dass wir individuell und je nach Tagesform ein unterschiedlich großes Toleranzfenster haben, welches zu Beginn des Buches vorgestellt wurde.

Wir wollen mit Ihnen den Blick darauf werfen, wie ein geringer Stresspegel grundlegend zum Verständnis und zur Behebung von Unterrichtsstörungen beitragen kann. Dafür ziehen wir die alte Schultafel, die Sie bereits aus dem ersten Kapitel kennen, zur Anschauung hinzu.

Übung:

Zunächst geht es darum, zu erkunden, wie die Worte in der ganzen mittleren Zeile der Tafel auf Sie wirken. Welche Gedanken, Emotionen und vielleicht auch Körperempfindungen treten bei Ihnen auf, wenn Sie *„Kampf & Flucht; ich muss / ich soll; (hyper-)aktiv, unruhig, wütend“* lesen.

Machen Sie sich hier gern eine kurze Notiz:

____

____

Der Begriff „Kampf & Flucht" entspricht der Aktivierung im sympathischen Zweig des autonomen Nervensystems. Ist im Nervensystem der Sympathikus aktiv, versuchen wir uns verbal, in Bewegungen und Handlungen oder auch in der inneren Vorstellung bestmöglich zu verteidigen. Schülerinnen und Schüler sowie Lehrkräfte fühlen sich zum Beispiel genervt und schimpfen los. Auch können Unterrichtsstörungen passieren – Zettel werden zerrissen, Bleistifte angeknabbert, Radiergummis oder Wasserflaschen geworfen, lautes oder leises Schwatzen nimmt überhand, hitzige Bemerkungen, Beleidigungen und gar Schimpfwörter flattern durch den Raum, etc. Sicher fallen Ihnen weitere Dinge zu Unterrichtsstörungen ein.

Sind wir derart aktiviert, so entsteht im Körper Druck, ein Durcheinander, hohe Energie oder Nervosität. Auch eine beschleunigte Atmung, (hyper-)aktive Körperbewegungen oder eine warme, gerötete Haut deuten auf einen aktiven Sympathikus hin. Ein einfaches Abschalten der inneren Unruhe ist nicht möglich, da es die biologische Funktion des Sympathikus ist, den Menschen zu mobilisieren und Kampf- und Fluchtverhalten zu ermöglichen. Erst wenn die Person sich wieder sicher und sozial verbunden fühlt, kann sich die innere Unruhe legen.

Übung:

Wenden wir uns nun der obersten Zeile der dargestellten Schultafel zu. Über der hohen sympathischen Aktivierung liegt der Zustand der Erstarrung, der sogenannte Freeze. Das bedeutet, einem erstarrten Zustand liegt ein hoher Stresspegel zugrunde. Allein schon durch das Lesen der Worte *„Erstarrung/Freeze; ich kann nicht; beschämt, hoffnungslos, resigniert, unverbunden"*, kann es sein, dass sich Ihre Körperempfindungen verändern.

Machen Sie sich auch hier gern eine kurze Notiz davon, wie es Ihnen beim Lesen der kursiv gedruckten Wörter gerade geht:

____

____

Unser Körperempfinden im Zustand der Erstarrung ist zum Beispiel gefroren, verkrampft, eisig, klamm, zusammengezogen, gedankenleer und schlaff. Wenn man nun meint: „Ha! Super! Es können keine Unterrichtsstörungen stattfinden, wenn alle Schülerinnen und Schüler klamm und verstummt dasitzen!", so ist dies ein Trugschluss. Der Freeze kann bei dem geringsten Anlass wechseln zu einem hoch explosiven Verhalten. So ist es zum Beispiel möglich, dass ein anscheinend „ruhiger Schüler" oder eine „ruhige Schülerin", auf einmal bei einem unscheinbaren Anlass starke Aggressionen zeigt und somit das ganze Unterrichtsgeschehen beeinflusst. Der Zustand wechselt (manchmal auch nur punktuell) hierbei von „ich kann nicht" zu „ich muss / ich soll" und die hohe Erregung wird mobilisiert.

Es ist genau zu unterscheiden, ob hinter der „Ruhe" ein Zustand der Ausgeglichenheit liegt oder womöglich eine Erstarrung im Nervensystem aufgrund eines viel zu hohen Stresspegels, wie er ganz oben auf der Tafel gezeigt wird. Im Zustand der sicheren ruhigen Ausgeglichenheit, die ganz unten auf der Tafel dargestellt ist, sind Schülerinnen und Schüler lernbereit und können neue Inhalte aufnehmen. Sind sie hingegen aufgrund höchster Aktivierung im Nervensystem im Zustand des Freeze „ruhig", führt dies meistens zu einer Lernblockade. Hier ist der hintere Vagusnerv aktiv, der den Erstarrungsreflex auslöst. Ein harmonisches, sozial verbundenes Klassenklima ist sowohl im Freeze als auch im mobilisierenden Kampf-, Fluchtzustand des Nervensystems unmöglich.

Aus der Sicht einer stress- und traumainformierten Schule ist es aufgrund der beschriebenen biologisch angelegten Zustände das unbedingte Ziel, den Klassenraum als einen möglichst (emotional) sicheren Ort zu gestalten, indem soziale Verbundenheit gedeihen kann. Dies ist zum Beispiel gegeben durch eine wertschätzende Haltung der Lehrkräfte. Wenn wir wissen, dass es Zustände im Nervensystem sind, die ein Gefühl von **„ich kann“**, **„ich muss / ich soll“** und **„ich kann nicht“** veranlassen, können sich bereits Spannungen lösen. Auch können wir Schülerinnen und Schüler besser dort abholen, wo sie gerade sind. Zum Beispiel lässt sich über eine bewusst eingesetzte Mimik und Gestik, eine Modulation der Stimme sowie den Blickkontakt schon viel erreichen. Die Gesichtsnerven sind mit dem vorderen Vagusnerv verbunden, welcher Signale sendet und empfängt, die soziale Verbundenheit und das Gefühl für Sicherheit herstellen. Es ist also über einen wertschätzenden Blick, eine freundliche Geste oder ein Lächeln möglich, Situationen grundlegend zu entspannen.

Genauso sind auch der Kehlkopf und der Rachen mit dem vorderen Vagusnerv verbunden. Wertschätzende Worte und auch die Stimme selbst kann daher als Instrument für die Regulation des autonomen Nervensystems dienen. Da wir in ständiger Resonanz miteinander über unsere Nervensysteme sind, können sich auch Unsicherheit und Unverbundenheit über unseren Stimmapparat ausbreiten. Gebrauchen wir eine schrille hohe bzw. gehetzte Stimme im Unterrichtsgeschehen, kommen die Schülerinnen und Schüler leicht in einen alarmierten Zustand. Auch eine harsche, unfreundliche Stimme, die Unsicherheit verbreitende Worte nutzt, bewirkt eine Aktivierung im Nervensystem. Hat die Lehrkraft dagegen im Blick, dass ihre Stimme als Mittel zur Herstellung eines lernförderlichen Sicherheitsgefühls genutzt werden kann und ist ihr die Notwendigkeit von Intonation, Sprechtempo, Satzmelodie, einem wohlklingenden Sprechrhythmus und dem Setzen von Pausen, kurz, der „Prosodie“, bekannt, so kann die Lehrkraft diese in einem regulierten Zustand spielerisch einsetzen.

Wie Sie sehen, kann die Regulation des autonomen Nervensystems aus Sicht der körperorientierten Stressbewältigung maßgeblich bei der nachhaltigen Behebung von Unterrichtsstörungen unterstützen. Auch auf Lernblockaden und Konzentrationsschwierigkeiten hat es entscheidende positive (oder auflösende) Wirkungen.

2.3 Lernblockaden lösen sich

Lisa mag gute Noten. Sie hätte gern ihr ganzes Zeugnis voller Einsen und Zweien. In der Realität hat die Neuntklässlerin vor allem Vieren, wenige Dreien und auch mal eine Fünf. Die Schülerin fragt die Ethiklehrkraft gleich zu Beginn des zweiten Schulhalbjahres, ob sie endlich eine Eins bekommt. Traurig schüttelt diese den Kopf, schaut das Mädchen an und sagt: „Lisa, es ist noch ein Weg zu solch einer guten Note.“ Die Augen der Hauptschülerin werden groß. Sie nickt etwas irritiert, schluckt und fragt dann: „Ich weiß nicht, was ich machen muss, Frau Maurer – wie kann ich mich verbessern? Wie geht das?“ Das Herz der Lehrerin pocht lauter als normal. Sie erkennt, was für ein Gewicht diese Frage für Lisa haben muss und vermutet, dass die Schülerin eventuell das erste Mal solch eine Frage vertrauensvoll und ehrlich an eine Lehrkraft stellt. Diese wunderbare Chance zur Erweiterung der Lernkompetenz möchte die Lehrerin ergreifen, sie hat nur gerade keine Ahnung wie. Frau Maurer überlegt im Schnelltempo, wie sie Lisa unterstützend sagen kann, dass die Noten wahrscheinlich mit ihren häufigen Lernblockaden zu tun haben. Die Kolleginnen und Kollegen hatten Frau Maurer davon erzählt, dass Lisa anscheinend ihr Wissen öfter nicht abrufen könne; der Lernstoff sei für sie dann einfach nicht erreichbar.

Frau Maurer spürt in diesem Moment ihr eigenes aufgewühltes Nervensystem und nutzt für sich einen kurzen Check-up um wieder in ihre Ruhe, Präsenz und Offenheit zu kommen. Sie nimmt ihren Stand auf dem Boden wahr und wird sich ihrer Atmung bewusst, die gerade schneller als gewöhnlich ist. Sie sucht nach einem größeren Gefühl von Sicherheit und orientiert sich daher im Raum, indem sie sich umschaut. Durch diese Augenbewegung beruhigt sich ihr Nervensystem und macht sie wieder offen und neugierig. – Lisa beobachtet die kurze Pause, das Innehalten ihrer Lehrerin, etwas irritiert, aber auch neugierig.

Dies ist ein wertvoller, chancenreicher Augenblick! Die Lehrerin bemerkt eine schnellere Atmung bei ihrer Schülerin, und weiß, dass dies auf Neugier hinweist, während ein stockender Atem eher auf eine körperliche Angstreaktion deuten würde. Die Lehrerin ist sich bewusst, dass Neugier ein entscheidender Antrieb zum Überwinden von Lernblockaden ist. Und sie ist sich im Klaren, wie wichtig gerade jetzt für Lisa Wertschätzung und Freundlichkeit sind, damit diese wieder die Motivation bekommt auf eine bessere Note hinzuarbeiten. Ruhig und freundlich sagt Frau Maurer: „Lisa, spürst du, wie neugierig du gerade bist? Neugier kann dir tatsächlich dabei helfen deine Lernblockaden zu überwinden und eine bessere Note zu bekommen. Wenn du neugierig bist, verbinden sich deine Nervenzellen und Lernblockaden können sich auflösen."

Neugier

Diese neue Nachricht löst bei Lisa Entspannung, Beruhigung und ein Gefühl von einer sicheren Verbindung zu ihrer Lehrerin aus. Das kann Frau Maurer dadurch entdecken, dass Lisa kurz und schnell ausatmet und dann ermüdet den Blick nach innen richtet. Das Nervensystem der Schülerin entspannt sich sichtbar. Die Lehrerin wiederholt den entscheidenden Satz: „Deine Neugier kann dir helfen deine Lernblockaden zu überwinden. Wenn hierzu noch weitere Fragen bei dir auftauchen, melde dich gern jederzeit bei mir."

Dieses Beispiel möchte Mut machen, Neues auszuprobieren. Eine Lehrkraft muss – aus der Sicht der körperorientierten Stressbewältigung mit dem Nervensystem – nicht immer gleich eine Antwort parat haben. Manchmal ist es sehr hilfreich, erst innezuhalten und nachzuspüren, was gerade im eigenen Körper da ist. Es braucht oft nur ein paar tiefe Atemzüge und ein Nachspüren, wie die eigenen Füße stehen, um genügend Kontakt im Hier und Jetzt zum eigenen Körperempfinden zu bekommen.

Frau Maurer arbeitet in dem Beispiel offen mit einer fragenden, wertschätzenden Haltung, welche die Neugier der Schülerin anregt. So kann die Angst, die hinter der Lernblockade steckt, kleiner werden. Durch die Vermittlung einer sicheren Verbindung zu ihrer Schülerin unterstützt die Lehrerin über ihren Blick und ihr eigenes Nachspüren Lisa dabei, in den „ich kann"-Bereich zu gelangen und damit den Stresspegel nachhaltig zu senken. An dem Beispiel sehen Sie, dass sich über das Körperspüren ein leichter Zugang zum autonomen Nervensystem von Schülerinnen und Schülern sowie Lehrerinnen und Lehrern entwickelt und dies der Stärkung der Regulationsfähigkeit dient. Insofern kann Frau Maurer mit der aufkommenden Neugier von Lisa an dem Phänomen der Lernblockade indirekt arbeiten und sozusagen „hinter den Kulissen" die neue Verknüpfung von Nervenzellen unterstützen. Die Lehrerin bietet einen sicheren und zugewandten Rahmen, sodass Lisa ihr vertrauensvoll und mit einem Gefühl von Sicherheit begegnen kann.

Auf Grundlage der neuesten Hirnforschung braucht es eine offene, zugewandte Haltung, um mit Lernblockaden umzugehen.[10] Im Beispiel wurde bei Lisa der Anfang gesetzt und in den Folgestunden achtete die Lehrkraft weiter auf eine sichere Verbindung zur Schülerin. Auch nutzte sie ihr Wissen über die Unterstützung von sozialem Kontakt über Mimik, Gestik und Stimme. Lisa kam tatsächlich am Schuljahrsende von einer Drei auf eine Eins (minus) in Ethik, da ihre Fähigkeit zur sicheren Verknüpfung von Inhalten immer mehr zunahm und ihre Aufmerksamkeitsspanne wesentlich größer wurde, sodass ihre Lernblockaden deutlich weniger wurden und sie sich am Unterricht sehr gut beteiligen konnte.

In diesem Buch können Sie noch weitaus mehr zum körperorientierten Umgang bei Lernblockaden in verschiedenen Schulsituationen erfahren. Dieser kann in allen Fächern gelingen, nicht nur wie hier im Beispiel im Ethikunterricht. Die Arbeit mit dem autonomen Nervensystem ist eine Art Hintergrundarbeit. Da sie im Hirnstamm stattfindet, ist sie dem Denken nicht unmittelbar erschließbar. Es handelt sich bei den in diesem Buch vorgestellten einzelnen Elementen vornehmlich um eine Bottom-up-Methode, das heißt, Veränderungen erreichen vom Hirnstamm über das limbische System den Neokortex. Meist setzen die sonst bekannten schulischen Methoden genau andersherum an – beim Denken oder auch den Gefühlen, während die Empfindungen außen vor bleiben.

Wir sehen es als essenziell an, die Arbeit mit den Empfindungen pädagogisch zu etablieren. Sie kann wertvolle Impulse setzen, Schülerinnen und Schüler beim Lernen zu helfen sowie die Grundlage zu bilden für gelingendes Selbst- und Stressmanagement. Ansonsten verpassen wir eine nachhaltige, sicher auch entscheidende Chance auf dem Weg zu hochwertiger Bildung.

 **Übung:**

Sie können sich hier eventuelle Fragen notieren, die Sie gerade jetzt zu dem Thema Lösen von Lernblockaden haben:

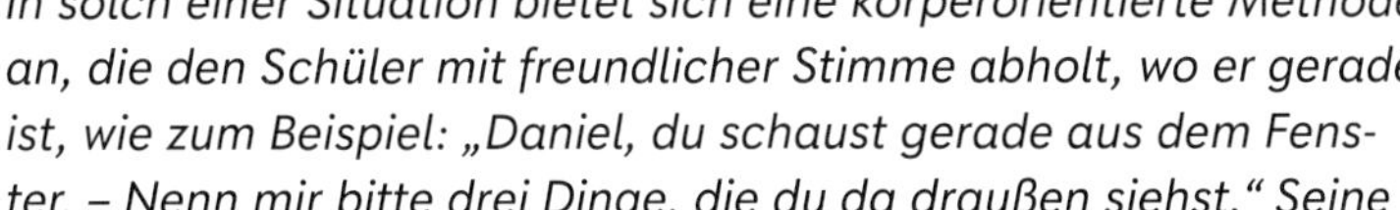

2.4 Die Konzentrationsfähigkeit wird gesteigert

Sitzt ein Schüler übermüdet im Schulunterricht, sind die Reize dort für ihn nicht groß genug. Er kann sich nicht auf die gestellten Aufgaben konzentrieren und schaltet ab, schaut verträumt aus dem Fenster. Jäh wird er dabei unterbrochen, wenn die Lehrperson seine sofortige Aufmerksamkeit einfordert. Er bemüht sich nun aufzupassen und die Aufgaben zu erledigen, driftet dennoch weiter in die Unaufmerksamkeit.
In solch einer Situation bietet sich eine körperorientierte Methode an, die den Schüler mit freundlicher Stimme abholt, wo er gerade ist, wie zum Beispiel: „Daniel, du schaust gerade aus dem Fenster. – Nenn mir bitte drei Dinge, die du da draußen siehst." Seine Augen, nicht nur sein Intellekt, werden angesprochen. Er kann diese leichte Aufgabe verwundert annehmen und es gelingt ihm etwas zu fokussieren. „Ich sehe einen Baum, die Schulhofmauer und ... den Basketballkorb."
Ein Lächeln huscht über sein Gesicht. Daniel schaut die Lehrkraft ein wenig wacher und auch interessierter an. Spielerisch bindet diese nun die gesamte Klasse ein: „Wer nennt mir drei blaue (grüne, gelbe, runde, ...) Dinge aus unserem Raum?" Munter beteiligen sich die Schülerinnen und Schüler der sechsten Klasse und erkunden neugierig ihren Raum.

Das kurze Beispiel zeigt, wie ein Kind mit abschweifenden Gedanken sich wieder mehr fokussiert. Den Körper einzusetzen, um Konzentration zu steigern, kennen Sie vielleicht bereits von anderen Methoden, die auf bewegtes Lernen setzen. Hier im Buch möchten wir Ihnen das Thema Konzentration unter dem Blickwinkel der körperorientierten Stressbewältigung und den Abläufen im autonomen Nervensystem nahebringen.

Mit dem Bild der polyvagalen Leiter[11], welche die bereits kurz beschriebene Polyvagaltheorie anschaulich macht, möchten wir die drei Überlebensmechanismen im Nervensystem noch einmal verdeutlichen:

Auf den unteren Sprossen sind Schülerinnen und Schüler **neugierig** auf die Welt und den eigenen Platz in ihr. Sie fühlen sich verbunden und können sich selbst und anderen gegenüber **Mitgefühl** zeigen. Sie sind in der Lage sich umzuschauen, entdecken Neues, lernen und können auch Kleinigkeiten genau und ausdauernd betrachten. Ihnen ist es möglich sich für längere Zeit auf eine Sache zu konzentrieren, ihre Stimmlage ist ausgeglichen und ihre Gestik und Mimik ist zugewandt. Ihr **vorderer Vaguszweig** im Nervensystem ist aktiv, sie befinden sich mitten in ihrem Toleranzfenster.

Auf den mittleren Sprossen steigt die **sympathische Aktivierung**. Das Nervensystem der Schülerinnen und Schüler stellt sich biologisch auf einen **Überlebenskampf** ein. **Unruhe, Schreckhaftigkeit, Angst und Gereiztheit** wachsen und zeigen sich in Bewegungen, Worten, dem Gesicht und auch der Stimme. Die Möglichkeit, konzentriert an einer Sache zu arbeiten, nimmt ab, da ständig die Sicherheit in der ganzen Umgebung abgecheckt werden muss. Die **Augen schweifen** umher und es besteht eine **erhöhte Wachsamkeit**, die sogenannte Vigilanzsteigerung. Wie man sich vorstellen kann, ist in diesem Zustand **Konzentration nicht lange möglich**. Aufgaben können nur unzureichend bearbeitet werden, auch die Mitarbeit im Unterricht ist erschwert, da sich im Körpergespür Kampf- und Fluchtempfindungen ausbreiten.

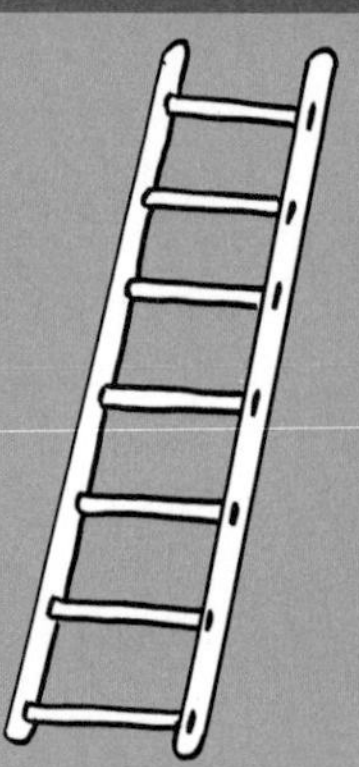

Sind Schülerinnen und Schüler auf den Sprossen hoch oben angelangt, greift eine weitere überlebenssichernde Körperreaktion. Sie bietet maximalen Schutz, indem es zur **Erstarrungsreaktion**, dem sogenannten Freeze, kommt. In diesem Zustand, der vom **hinteren Vaguszweig** gesteuert wird, ist Konzentration gar nicht mehr möglich, da die Gedanken sozusagen **eingefroren** sind und stillstehen. Es macht sich ein **Gefühl von Verschwinden** breit. Sobald Schülerinnen und Schüler in der Unverbundenheit von sich selbst und ihrer Umgebung sind, ihre inneren Organe ihre Tätigkeit auf ein **Minimum** zurückfahren, können sie Erwartungen, die an sie gerichtet werden, nicht erfüllen. Es kann sich dann anfühlen, als verschwinden die Matheaufgaben auf dem Arbeitsblatt, und es ist möglich, dass sie meinen, sie hätten schon alles fertig bearbeitet, obwohl eine ganze Aufgabe fehlt. Auch Zusammenhänge im Lesetext können nicht wahrgenommen werden.

So dramatisch die Beschreibung der polyvagalen Leiter vielleicht klingt, es muss nicht so weit kommen, dass Schülerinnen und Schüler ständig oben auf dieser Leiter im Nebel stehen. Ziel der körperorientierten Stressbewältigung mithilfe des Nervensystems ist es, dass sie über ein immer besseres Wahrnehmen ihres eigenen Körperempfindens erlernen, souverän durch die einzelnen biologischen Zustände im autonomen Nervensystem zu navigieren – also bildlich gesprochen, sich auf der polyvagalen Leiter je nach Situation passend auf und ab zubewegen. Dabei schreiten sie stets von Stufe zu Stufe. Sind sie gerade ganz oben im Freeze, so müssen sie über die mittleren Sprossen – die sympathische Aktivierung – wieder zurück zur Erde. Wundern Sie sich also nicht, wenn geistig abwesende Schülerinnen und Schüler erst Kampf- und Fluchtreaktionen zeigen, bevor sie wieder gut ins Lernen kommen können. Es ist unsere Biologie.

Nicht jede und jeder kann und muss ständig aufnahmebereit, entspannt, konzentriert oder neugierig sein. Es gibt bei allen Menschen Phasen der zu hohen Aktivierung mit Streit und abschweifenden Gedanken, genauso, wie Phasen der Hoffnungslosigkeit, an Tagen, an denen alles nur schiefläuft. Aufgabe der Lehrkraft ist es, den Schülerinnen und Schülern einen sicheren und zugewandten Rahmen zu bieten um aufmerksames, konzentriertes Lernen möglich zu machen.

Sie als Lehrkraft können sich täglich auf diese professionelle Rolle besinnen und bei sich liebevoll und wohlwollend nachspüren, wie es Ihnen gerade geht, welchen Körperempfindungen Sie gerade innerlich tatsächlich nachgehen mögen (und welchen lieber nicht) und was Sie momentan brauchen, um für das eigene Wohlbefinden zu sorgen. Ihr Nachspüren ermöglicht den Schülerinnen und Schülern in der Resonanz den Zugang zur eigenen Wahrnehmung. Nur eine Lehrkraft, die selbst angemessen Stress bewältigen kann, kann auch den Schülerinnen und Schülern diesbezüglich weiterhelfen. Mehr zu diesem Thema, der sogenannten Co-Regulation, erfahren Sie in Kapitel 3.4.

Abschließend mögen wir anmerken, dass es für Konzentrationsschwierigkeiten sicherlich vielfältige Ursachen gibt. Manche liegen im sozialen oder auch organischen Bereich. In unserer Arbeit suchen wir allerdings nicht ausdrücklich nach den Beweggründen, sondern schauen stets, was gerade da ist, also, was sich gerade im Moment des Auftretens bei den Schülerinnen und Schülern an Problemen und möglichen Lösungsansätzen zeigt. Eventuelle Ursachen sind nicht notwendig herauszufinden, da der momentane Stresspegel im Nervensystem der Ansatzpunkt für die Regulierung der Konzentrationsfähigkeit ist. Mithilfe von körperorientierten Methoden können wir Probleme erkunden und suchen dabei zunächst ein – wenn manchmal auch noch so kleines – angenehmes Sicherheitsgefühl im Nervensystem, um dieses dann zu stabilisieren und vielleicht auch auszuweiten. Sie werden in den Folgekapiteln weitere Anregungen erhalten, wie Ihre Schülerinnen und Schüler ihr Gefühl von Sicherheit mit dem Bottom-up-Prinzip ausbauen können. Insgesamt gesehen bilden alle vorgestellten Methoden eine spielerische Einheit, genauso wie das dreiteilige Gehirn mit dem Sitz des Denkens, der Gefühle und Empfindungen auch zusammengehört.

Wir wünschen Ihnen schon jetzt viel Freude beim Ausprobieren einzelner Aspekte und viele gute Erfahrungen. In Portionen werden Ihnen Methoden nach und nach so vermittelt, dass Ihr Handwerkskoffer immer größer wird und das Gefühl für Sicherheit in Bezug auf Körperorientierung immer mehr zunehmen kann.

3 Das entscheidende Gefühl von Sicherheit

Wenn Menschen sich sicher fühlen, ist konzentriertes und störungsfreies Arbeiten möglich. Das **Gefühl von Sicherheit** ist die Basis für effektive Lernprozesse.

Wenn Sie an Sicherheit in der Schule denken, kommt Ihnen vielleicht die letzte Feueralarm-Übung in den Sinn, oder denken Sie an die festgelegten Fluchtwege in Ihrem Schulgebäude, schwere Feuerschutztüren auf den Gängen, die Sicherheit im Fachunterricht, wie in Sport, Technik oder Chemie? Auch Hygieneregeln oder Maßnahmen zur Gewaltprävention gehören zu einer sicheren Schule. Wie Sie bereits wissen, ist über schulorganisatorische Themen hinaus das (subjektive) Gefühl von Sicherheit von großer Bedeutung und Wichtigkeit. Das eigene Sicherheitsgefühl ist entscheidend für die Lernkompetenz. Erhebliche Verunsicherung kann zum Beispiel durch medizinische Eingriffe, Missbrauch, Todesfälle, Naturkatastrophen, kriegerische oder andere politische Handlungen entstehen. Auch scheinbar kleinere Veränderungen, wie ein Lehrkraftwechsel, ein Umzug oder Brüche im familiären Umfeld, können Schülerinnen und Schüler belasten. Für einige sind solche Umstellungen kein Problem, aber für stressbelastete Menschen können sie sehr herausfordernd sein. Eine passende Struktur, Zugewandtheit und Verlässlichkeit sind wichtige Bausteine für ein sicheres Umfeld. Für manche Schülerinnen und Schüler kann es zum Beispiel hilfreich sein, wenn auch kleine Veränderungen im Klassenraum vorab angesagt werden, wie: „Ich werde gleich das Licht ausmachen."

Einen sicheren Ort zum Lernen, zum Verweilen und um uns entfalten zu können, benötigen wir alle. Nur wenn wir uns sicher fühlen, können wir uns genügend konzentrieren und damit gut am Unterricht teilnehmen. Eine Lehrkraft spielt dabei für die Klasse oder den Kurs eine maßgebliche, essenzielle Rolle. Sie kann beispielsweise auch bei plötzlichen Ereignissen bewusst darauf Einfluss nehmen, wie sicher sich die Schülerinnen und Schüler fühlen. Natürlich lassen sich ungewollte Umstände nicht immer vermeiden, dennoch ist es wichtig ein Bewusstsein dafür zu entwickeln, dass nicht jede Person Erfahrungen gleichermaßen erlebt und spielerisch „wegsteckt".

Der Teil des Gehirns – der suprachiasmatische Nukleus[12] –, der für das Zeitempfinden zuständig ist, kann durch **(traumatischen) Stress** in seiner Funktion gestört sein. Es ist möglich, dass ein Mensch dann nicht erfasst, dass die (damalige) Gefahr vorbei ist. Dies kann dazu führen, dass ihn schon kleinste Dinge in Aufruhr versetzen und für Außenstehende unangemessene Reaktionen entstehen. Es könnte zum Beispiel eine Schülerin in einen Fahrradunfall verwickelt gewesen sein, bei dem von links plötzlich ein blauer E-Roller kam. In der Folge könnte sie im Klassenraum erschrecken und anfangen zu zittern, nur weil ihr eine andere Schülerin von links mit einer blauen Jacke begegnet. Abhängig von Erlebnissen in der Vergangenheit kann auch eine unerwartete Berührung – wie zum Beispiel an der Schulter im Schulflur – unbewusste Erinnerungen und damit unerwartete Reaktionen hervorrufen. Oft kann der oder die Betroffene gedanklich selbst gar nicht den Bezug herstellen.

Wichtig ist hierbei zu verstehen, dass für die Entstehung eines Sicherheitsgefühls ein **geringer Stresspegel im autonomen Nervensystem notwendig** ist und die jeweiligen Lebensumstände, Erfahrungen und Erlebnisse subjektiv wirken. Ob etwas stressiger oder weniger bedrohlich wirkt, ist individuell und auch je nach Stressvorbelastung unterschiedlich. Droht eine vermeintliche Gefahr, finden unwillkürliche, automatisierte Reaktionen statt. Diese evolutionären Automatismen, möchten wir Ihnen gern kurz noch einmal in anderen Worten näher beschreiben.

Wenn eine vermeintliche Gefahr droht, beginnt (unbewusst) sogleich eine Überlebensreaktion. Wir versuchen die Gefahr zu orten, halten inne, spitzen die Ohren. Auch wird der Blick weit und unfokussiert, damit Bewegungen besser wahrnehmbar werden. Wir können direkt reagieren oder Alternativen abwägen. Wird die Situation als sicher bewertet, beruhigt sich das Nervensystem wieder. Bleiben wir aber weiter alarmiert, so aktiviert der sympathische Zweig unseres autonomen Nervensystems das Herz und die Lunge, damit unsere Muskeln für Kampf oder Flucht bereit sind. Wird die Situation sogar als lebensbedrohlich eingeschätzt (auch dies kann subjektiv sein), so übernimmt – wie wir Ihnen bereits in Kapitel eins und zwei veranschaulicht haben – der hintere Vagusnerv im parasympathischen Zweig des Nervensystems und es kommt zur Erstarrung bis hin zur Ohnmacht. Wenn wir uns also bedroht fühlen oder noch nicht sicher wissen, ob es eine Bedrohung gibt, bereitet sich unser Körpersystem bereits automatisch auf den Notfall vor und andere Aspekte des Lebens treten in den Hintergrund. Der Bereich des limbischen Gehirnteils zum Beispiel, der für Gefühle verantwortlich ist, und auch der Neokortex, unsere Zentrale für komplexes Denken, sind dann wenig bis kaum zu erreichen. Die Überlebensreaktion führt bei Schülerinnen und Schülern oft zu Lernblockaden und Konzentrationsstörungen.

Bei Kindern und Jugendlichen, die sich im schulischen Kontext nicht sicher fühlen – sei es in der Klasse, auf dem Pausenhof, im Schulgebäude, mit Klassenkameradinnen und Klassenkameraden oder auch Lehrkräften – signalisiert der Körper Gefahr. Der Herzschlag, die Atmung, der Blutdruck u. a. verändern sich. Dies ist keine intellektuelle Entscheidung, sondern läuft auf einer völlig anderen, subjektiven, Ebene ab. In einer gefährlichen Situation ist unsere Aufmerksamkeit überall und nicht fokussiert, bis wir die vermeintliche Quelle identifiziert haben. Dieselben Mechanismen gelten selbstverständlich auch bei Lehrkräften, Schulleitungen und allen anderen am Schulbetrieb beteiligten Personen. Solange ein Mensch derart aufgewühlt ist, wird Lernen oder Konzentration auf ein Thema kaum oder gar nicht möglich sein.

Es gibt verschiedene Möglichkeiten ein grundlegendes Maß an Sicherheit entstehen zu lassen, auch wenn eine Situation wirklich unsicher erscheint. Aufgrund unseres menschlichen Gehirns haben wir die Fähigkeit Situationen zu deuten, zu verstehen und einzuordnen. Wir können lernen und uns klar bewusst machen, dass wir uns einerseits kognitiv mit Konstellationen und Dingen beschäftigen können und andererseits gleichzeitig unser Körper Situationen und Momente auch instinktiv beurteilt, indem er uns entsprechende Signale sendet. Umgangssprachlich wird davon gesprochen „auf den eigenen Bauch zu hören“. So manche Lernblockade oder Zwistigkeit kann sich wie von allein auflösen, wenn Lehrkräfte und Schülerinnen und Schüler ihren Blick auf Reaktionsweisen des autonomen Nervensystems schulen.

So ist es wichtig, mit den Schülerinnen und Schülern einen passenden, achtsamen und wertschätzenden Umgang zu pflegen. Das ist eine Voraussetzung, damit für möglichst viele ein Sicherheitsgefühl entsteht. Anmerken möchten wir, dass es vermutlich ein genaueres Hinschauen bedarf, wenn Schülerinnen und Schüler auch nach Verlauf einer gewissen Zeitspanne trotz wertschätzenden Umgangs keine Freude, kein Mitgefühl empfinden können. Es ist in dem Fall vermutlich davon auszugehen, dass ihr autonomes Nervensystem höher aktiviert ist. Es kann einige Zeit dauern, bis dem neuen wohlwollenden Umgangston der Lehrkraft vertraut wird. Unterstützend ist es, wenn eine Lehrkraft darauf achtet, dass es ihr selbst möglichst gut geht und sie sich sicher fühlt. Dann können sich nach und nach auch die Schülerinnen und Schüler sicherer fühlen, was zu einem größeren Zusammengehörigkeitsgefühl und mehr Entspannung führt.

Übung:

Im Folgenden können Sie den Aspekt der Sicherheit auf einer eigenen, persönlichen Ebene erforschen. Sie finden hier eine Tabelle mit Schulsituationen sowie einer Skala von Null (unsicher) bis Zehn (sicher). Lesen Sie sich die Situationen in Ruhe durch und markieren Sie auf der Skala spontan den Wert, der Ihrem eigenen Sicherheitsgefühl entspricht.

Situation aus dem Schulalltag	*Skala: Ich fühle mich unsicher (0) – sicher (10)*
Mein Platz im Lehrerzimmer ist von jemand anderem belegt und meine Tasche liegt auf einmal ganz woanders als gedacht.	unsicher □□□□□□□□□□ sicher 0 1 2 3 4 5 6 7 8 9 10
Ich habe die Möglichkeit, mich in einen angenehmen Raum zurückzuziehen (für Freistunden, Vorbereitungen, Gespräche, Telefonate).	unsicher □□□□□□□□□□ sicher 0 1 2 3 4 5 6 7 8 9 10
Wichtige Themen des Tages werden rechtzeitig von Kolleginnen und Kollegen oder der Schulleitung kommuniziert.	unsicher □□□□□□□□□□ sicher 0 1 2 3 4 5 6 7 8 9 10
Die Eltern eines Kindes passen mich unerwartet ab und fordern ein sofortiges Gespräch.	unsicher □□□□□□□□□□ sicher 0 1 2 3 4 5 6 7 8 9 10
Neue Verordnungen werden verpflichtend erlassen, und wir sprechen sie in der Schule nicht durch.	unsicher □□□□□□□□□□ sicher 0 1 2 3 4 5 6 7 8 9 10

Nachdem Sie diese Fragen beantwortet haben, haben Sie nun die Möglichkeit, sich Ihre Gedanken dazu hier zu notieren. – Wie wichtig erscheint Ihnen das Thema Sicherheit?

____

____

____

Offenheit und gelingende Kommunikation sind wichtige Bausteine für die Etablierung der Schule als einen sicheren Ort. In den Kopiervorlagen am Buchende finden Sie Anregungen dazu. In den folgenden vier Unterkapiteln lernen Sie verschiedene Aspekte der Herstellung eines Sicherheitsgefühls unter dem Blickwinkel von körperorientierter Stressbewältigung kennen.

Das folgende Fallbeispiel soll die Wichtigkeit des Themas **Sicherheit im Schulalltag** veranschaulichen. In der linken Tabellenspalte können Sie lesen, wie die Lehrkraft eine neue Schülerin willkommen heißt. In der rechten Spalte finden Sie Hinweise auf die Hintergründe der unterschiedlichen Handlungsweisen der Lehrkraft.

Ein Fallbeispiel zum Gefühl von Sicherheit	***Kommentar und Verweis***
Für mich ist es wichtig, dass ich mich sicher fühle, um präsent für meine Schülerinnen und Schüler ein stabiles Umfeld bieten zu können. Dazu orientiere ich mich vor Unterrichtsbeginn im Lehrerzimmer, ob es zum Beispiel Neuigkeiten von der Schulleitung gibt, die für die Klasse wichtig sein könnten. Bin ich im Klassenraum, prüfe ich nicht nur die Anwesenheit, sondern auch die Stimmung – ist einer der Anwesenden augenscheinlich irritiert, besonders fröhlich, traurig oder aufgelöst? Ich nehme mir einen Moment Zeit, darauf zu achten, wie mein eigener Körper reagiert – spüre ich meine Füße, gibt es Anzeichen von Stress, verändert sich vielleicht mein Herzschlag? Erst wenn ich mich sicher fühle, beginne ich mit meiner Arbeit. Diese Einstimmung nutze ich im Besonderen, wenn ich mit den Kindern oder Jugendlichen in Kontakt komme, deren Sicherheitsgefühl möglicherweise weniger stabil ist oder die besonderen Situationen ausgesetzt sind. Ein gutes Beispiel hierfür ist, wenn eine Schülerin oder ein Schüler neu an die Schule und in meine Klasse kommt. Diese Situation ergab sich zum Wechsel im Halbjahr.	*Mehr zu Präsenz, → Kapitel 3.1.* *Verschiedene Möglichkeiten der Orientierung und deren Wirkung, → Kapitel 3.2.* *Vgl. Selbstregulation, → Kapitel 3.3.*
Bevor ich in den Kontakt gehe, stelle ich für mich das maximale Sicherheitsgefühl her. Ich frage vorab im Sekretariat nach dem Namen – ich erfahre, dass das Mädchen Lea-Marie heißt und dass ein Trauerfall in der Familie der Grund für den Schulwechsel war. Ich atme tief ein und aus und spüre meine Füße. Ich kann wahrnehmen, wie sich mein aufgeregter Herzschlag verlangsamt. Wie aufgeregt mag erst die Schülerin sein?	*Orientierung für die Lehrkraft, → Kapitel 3.2.* *Selbstregulation, → Kapitel 3.3.* *Langes Ausatmen stimuliert das parasympathische Nervensystem.*
Auf dem Gang des Verwaltungstrakts begegne ich Lea-Marie. Ich gehe ruhig auf sie zu, stelle mich aber nicht direkt vor sie, sondern extra schräg zu ihr hin. Ich kann sehen, dass ihr Blick unruhig ist und der Atem kaum wahrnehmbar. Die neue Schülerin nestelt unruhig mit den Fingern. Mit freundlicher und klarer Stimme begrüße ich das Mädchen und nenne ihr meinen Namen. Auch sage ich ihr, dass ich sie gern kurz an einem ruhigeren Ort willkommen heißen möchte, bevor wir in den Klassenraum gehen. Ich warte, bis Lea-Marie zustimmt und bleibe ruhig und präsent an ihrer Seite.	*Vergleichbar mit der Situation im Fahrstuhl mit fremden Personen. Dort stehen meistens die Menschen auch schräg zueinander. So besteht Kontakt, dieser wirkt aber nicht bedrohlich.* *Vgl. Co-Regulation, → Kapitel 3.4.* *Vgl. Orientierung, → Kapitel 3.2.* *Vgl. Präsenz, → Kapitel 3.1.*
Nachdem Lea-Marie zustimmend genickt hat, gehe ich mit ihr gemeinsam in den kleinen Besprechungsraum. Dabei achte ich darauf, dass ich meine Geschwindigkeit an Lea-Marie anpasse, um ihr Nervensystem nicht weiter zu aktivieren. Ich erkläre ihr in einfachen und klaren Sätzen wohin wir gehen und in welchem Flur wir sind.	*Ein sicherer Ort und eine sichere Person sind wichtig, um entspannen zu können. – Oftmals ist es für Menschen in Aufruhr schwierig, verschachtelte Sätze zu verstehen.*

Ein Fallbeispiel zum Gefühl von Sicherheit	***Kommentar und Verweis***
An dem ruhigeren Ort begrüße ich Lea-Marie noch einmal. Ich stelle mich als ihre Klassenlehrerin vor und erkläre ihr, dass ich sie unterstützen möchte, sich in der neuen Schule zurecht zu finden. Mir ist wichtig, dass sie weiß, dass es schon jetzt eine Person an ihrer Seite gibt und sie nicht allein ist bzw. sich allein zurechtfinden muss. Ich nehme wahr, wie sie ruhiger wird und sich unsere Blicke öfter treffen. Dass ich mit ruhiger Stimme rede, nicht zu viel spreche oder zu viele Fragen an sie stelle, entspannt sie sichtlich. Als Lea-Marie bereit ist, ihre neue Klasse kennenzulernen, gehen wir los.	*Vgl. Orientierung, → Kapitel 3.2.* *Vgl. Co-Regulation, → Kapitel 3.4.*
Auf dem gemeinsamen Weg zum Klassenzimmer lade ich Lea-Marie ein, sich gut im Gehen umzuschauen und nenne ihr einige Merkmale und Orientierungspunkte. Ich begrüße andere Schülerinnen und Schüler im Flur freundlich und in Ruhe, halte aber meinen Fokus bei ihr. Als wir kurz vor dem Klassenzimmer sind, nenne ich Lea-Marie noch die genaue Bezeichnung ihrer Klasse („7a") und wie viele Mitschülerinnen und Mitschüler sie hat. Da ich bemerke, dass ich selbst etwas aufgeregt werde, achte ich darauf, den Boden unter meinen Füßen zu spüren, atme bewusst langsam aus und betrete beruhigt gemeinsam mit Lea-Marie das Zimmer.	*Vgl. Orientierung, → Kapitel 3.2.* *Vgl. Präsenz, → Kapitel 3.1.* *Vgl. Orientierung, → Kapitel 3.2.* *Vgl. Präsenz, → Kapitel 3.1 und Selbstregulation, → Kapitel 3.3.*
Wie alle Blicke auf die neue Schülerin gerichtet werden, beobachte ich, wie Lea-Marie sich anspannt. Sie zieht ihre Schultern nach oben, ihre Augen bewegen sich sehr schnell hin und her. Ebenso kann ich wahrnehmen, wie Spannung in Form von aufgeregter Neugierde, in der Klasse steigt. Um mein eigenes Sicherheitsgefühl zu stärken, atme ich bewusst und erkläre dann der Klasse zur Orientierung, dass Lea-Marie unsere neue Mitschülerin ist. Ich vergewissere mich mit einem Blick, dass diese sich in meiner Gegenwart weiterhin wohlfühlen kann.	*Der Sympathikus ist aktiviert.* *Vgl. Selbstregulation, → Kapitel 3.3.*
Nun bitte ich alle, das Mädchen bei ihrem Neuanfang zu unterstützen und ihr zu helfen, sich zurecht zu finden. Ich orientiere mich in der Klasse und sehe, dass zwei Mädchen aufmerksam und freundlich Blickkontakt suchen. Ich frage die beiden, ob sie Lea-Marie unterstützen möchten. Sie freuen sich und sind sichtlich stolz, eine wichtige Aufgabe zu haben. Auch schaue ich mich im Klassenzimmer um nach einem geeigneten Platz für Lea-Marie. Ich finde einen in der Nähe des Fensters und einen mitten im Raum – beide Plätze biete ich an und gebe die Möglichkeit, dass sie sich einen Platz aussucht.	*Integration in die Gemeinschaft ist ein wichtiger Aspekt, um sich sicher zu fühlen. Ausschluss aus der Gemeinschaft hat vor ein paar hundert Jahren noch den sicheren Tod bedeutet. Diese Angst steckt noch in unseren Genen.* *Eine Wahl zu haben, gibt mehr Handlungsspielraum. Damit erscheint eine Situation nicht ausweglos.* *(Anmerkung: Wirkt das neue Mitglied der Gruppe noch sehr angespannt oder unsicher, kann es hilfreich sein, dass ein konkreter Sitzplatz zugewiesen wird.)*

Ein Fallbeispiel zum Gefühl von Sicherheit	***Kommentar und Verweis***
Nachdem die neue Schülerin Platz genommen hat, wende ich mich an die gesamte Klasse. Ich erkläre, dass es wichtig ist, dass Lea-Marie Zeit bekommt, um in ihrer neuen Klasse und der neuen Schule richtig anzukommen. Hierbei betone ich, wie wichtig es ist, dass sie bei Wechsel in neue Zimmer und in den Pausen nicht allein gelassen wird. Nach kurzem Blickkontakt versichere ich ihr, dass ich in der Pause zu ihr kommen und hören werde, wie es ihr im bisherigen Schultag ergangen ist. Ich beobachte Zeichen der Entspannung, wie zum Beispiel einen tieferen Atemzug oder einen fokussierten und nicht suchenden Blick. Erst dann beginne ich mit dem Unterricht.	*Mehr zu Orientierung für die Klasse, → Kapitel 3.2.*
Während der Stunde wende ich meine Aufmerksamkeit immer mal wieder Lea-Marie zu und beobachte weiterhin Signale von Aktivierung und Entspannung, bei ihr genauso wie bei mir selbst. Ermutigend lächele ich ihr zu, wenn ihr suchender Blick mich streift.	*Vgl. Co-Regulation, → Kapitel 3.4.*
Am Ende der Stunde bitte ich, dass die beiden helfenden Mädchen bei Lea-Marie verbleiben. Ich gehe zu den dreien und höre nach, ob sie noch Fragen haben zum weiteren Ablauf. Wir besprechen kurz gemeinsam das Ziel, dass Lea-Marie sich gut einlebt. Ich informiere die Schülerinnen noch, wo sie mich wann an diesem Tag finden können und verabschiede mich ruhig und entspannt.	*Die Lehrkraft als sichere Person für alle drei Schülerinnen, vgl. Co-Regulation, → Kapitel 3.4.*
Während der ersten Schultage schaue ich verstärkt, dass Lea-Marie nicht allein ist und suche aktiv den Kontakt zu ihr. Je sicherer sich Lea-Marie durch gute Orientierung und ein gelingendes Miteinander fühlt, umso weniger benötigt sie meine erhöhte Aufmerksamkeit.	*Vgl. Präsenz, → Kapitel 3.1.*

Ausblick

In den folgenden Unterkapiteln erfahren Sie mehr über wichtige Aspekte bei der Herstellung eines Sicherheitsgefühls im Schulalltag – Präsenz, Orientierung, Selbstregulation und Co-Regulation. Ein Hinweiskasten am Anfang jedes Kapitels wird zur Orientierung und prägnanten Information beitragen. Weitere von uns persönlich erlebte Fallbeispiele werden Ihnen die unterschiedlichen Inhalte konkret veranschaulichen. Mitmachübungen wird es weiterhin geben. Für ein einfaches Auffinden sind diese wie bisher mit einem ★ gekennzeichnet. Vielleicht erhalten Sie den einen oder anderen neuen Impuls.

3.1 Einfach da sein – Wie hilfreich es ist, präsent zu sein

Präsent zu sein heißt ganz im Hier und Jetzt zu sein, indem wir unsere Wahrnehmung für unsere Körperempfindungen, Emotionen und Gedanken schulen. Präsent sein bildet die Basis für ein wertschätzendes Miteinander, ein Gefühl von Sicherheit und Verbindung, ein gutes Klassenklima und erfolgreiches Lernen.

Manchmal ist der Schulalltag für Lehrkräfte anstrengend, vor allem, wenn alles auf einmal kommt und alles auf einmal erledigt werden soll.

Dieser Stress mit den differenzierten Klassenarbeiten geht sicherlich noch weiter, das Schuljahr läuft ja erst gerade an. Ich muss nur noch schnell eine Nachricht schicken, das Elterngespräch planen und den Klassenausflug organisieren. Ach ja, die Klassenkonferenz steht auch noch an.

Wie kann es gelingen, da „präsent“ zu bleiben? Sicherlich gilt der allgemeine gute Ratschlag, einfach eins nach dem anderen abzuarbeiten, vielleicht auch mal eine Pause einzulegen – aber wie oft verfällt man dabei plötzlich in einen Modus, der den Kontakt zu Schülerinnen und Schülern eher oberflächlich macht? Das Gefühl für die soziale Verbundenheit kann bei einem hohen Stresslevel leiden.

In diesem Kapitel möchten wir Sie mit der Wirkung eines regulierten Nervensystems in Kontakt bringen, das uns immer mehr in die Präsenz bringen kann. Dazu möchten wir Sie zu folgender Übung einladen:

 **Übung:**

Markieren Sie die Worte, die jetzt in diesem Moment gerade für Sie passen!

Wunderbar! Ach, herrje, das klappt doch nicht.

Ich atme auf, das klingt gut. Präsent wollte ich schon immer sein.

Mhm, was soll ich denn jetzt nur markieren? Wie soll das gehen?

Was auch immer Sie angekreuzt haben, Sie haben es genau in diesem Moment getan. Wenn Sie mögen, halten Sie kurz inne. Hat Sie die Aufgabe ganz eingenommen oder gingen gleichzeitig auch noch andere Gedanken durch Ihren Kopf?

Hier haben Sie Platz für Ihre persönliche kurze Notiz:

Was bringt es einer Lehrkraft, sich in Präsenz zu üben und einen bewussten Umgang mit der Zeit und mit Situationen zu trainieren? Sobald Lehrkräfte sich in Präsenz schulen, können sie mit den Schülerinnen und Schülern und der Situation angemessener und passgenauer umgehen. Zudem können sie durch die eigene Präsenz die Schülerinnen und Schüler darin unterstützen, sich mehr im Hier und Jetzt zu bewegen und damit weniger abgelenkt zu sein. Das Fallbeispiel am Kapitelende zeigt die Vorteile vom präsenten Sein.

Übung:

Eine einfache Möglichkeit mehr in die Präsenz zu kommen, gelingt über die Atmung. Sie ist unmittelbar mit dem autonomen Nervensystem verbunden und kann daher zur Regulation beitragen. Zum Ausprobieren setzen Sie sich nach Möglichkeit dafür aufrecht hin oder stehen Sie mit hüftbreiten Beinen fest auf dem Boden. Beginnen Sie nun Ihren Atem zu beobachten. Wie verläuft der Atem eigentlich? Atmen Sie länger ein oder länger aus? Ist der Atem eher flacher oder tiefer? Bewegt sich der Brustkorb oder mehr der Bauch beim Atmen? Jede Beobachtung ist wertfrei und willkommen. – Als zweiten Schritt laden wir Sie ein, überzugehen in ein längeres Ausatmen. Atmen Sie über die Nase ein und pusten die Luft, wie beim Seifenblasenpusten ungefähr zwei oder drei Mal länger aus dem Mund. Wiederholen sie diese lange Ausatmung mindestens drei Mal genüsslich und machen Sie dann eine Pause. Beobachten Sie wieder möglichst genau, wie ihr Atem nun verläuft. Wie fühlen Sie sich? Möchten Sie die Übung noch einmal wiederholen oder reicht es gerade?

Diese Atemübung nimmt nicht mehr als zwei Minuten in Anspruch, Sie können sie jederzeit wiederholen, auch mal zwischendurch in einer Unterrichtspause, vor oder nach Ihrem Schulalltag, so wie es Ihnen angenehm ist. Auch Schülerinnen und Schüler mögen diese leichte Mitmachaktion in einer kurzen Lernpause, und sie bringt sie mehr ins Spüren und in den Moment.

Spannend ist auch folgende Übung, die dazu anregt, mehr **in sich hineinzuhorchen und das Nachspüren zu vertiefen**, was so essenziell für die Verbindung mit dem Hirnstamm und unserer Stressregulation im autonomen Nervensystem ist.

 **Übung:**

Das Mitmachen ist im Sitzen oder Stehen möglich. Nehmen Sie kurz wahr, wie sie auf dem Boden stehen und bringen Sie die Füße hüftbreit auseinander für einen sicheren Stand oder Sitz. Nun legen wir die rechte Hand auf den linken Oberarm und die linke Hand auf den rechten Oberarm. Wie fühlt sich der Kontakt Ihrer Hände auf den Oberarmen an? Wenn dies für Sie angenehm ist und Sie vielleicht schon den ein oder anderen Atemzug gemacht haben, lassen Sie nun die rechte Hand unter die linke Achsel schlüpfen – die Hand versteckt sich so, dass nur noch der Daumen herausschaut – während die linke Hand weiter an ihrem Platz auf dem rechten Oberarm ruht. Die Haltung, die gerade entstanden ist, nennen wir auf Englisch „lovely hug“ und auf Deutsch „wohlige Umarmung“. Bleiben Sie so lange in dieser Körperhaltung, wie es Ihnen angenehm ist und lösen Sie sie schließlich sachte auf und beobachten kurz, wie es Ihnen nun geht.

Mit den beiden Übungen, zu denen wir Sie eben eingeladen haben, können wir unser Nervensystem aus einem (hoch) aktivierten oder einem „gefrorenen“ Zustand in Richtung des Toleranzfensters regulieren. Bestenfalls entstehen ein Gefühl von Sicherheit sowie ein Bewusstsein von „ich kann“ (vgl. → Kapitel 1 und → Kapitel 2). Natürlich braucht es ein wenig Training und Geduld.

Für den Unterricht und die Begegnung mit Schülerinnen und Schülern hat Präsenz wie gesagt viele Vorteile. Es geht nicht darum, durch mehr Wachsamkeit wie ein Schießhund gespannt jede Unachtsamkeit von ihnen zu erhaschen, um dann strengste Konsequenzen zu veranlassen. Wir nutzen vielmehr unsere eigene Präsenz im Hier und Jetzt für ein aufmerksames Beobachten, zum Beispiel, was die Mimik und Gestik der Schülerinnen und Schüler in Bezug auf deren Konzentrationsfähigkeit erzählen mag.

Präsenz ist die Voraussetzung für Kontakt und Verbindung. Erst wenn ich mit mir im Hier und Jetzt in einem präsenten Kontakt bin, kann ich eine echte Verbindung zu meinen Mitmenschen aufnehmen. Sie fühlen sich dann gesehen und wertgeschätzt. Eine gute Verbindung ist ein wesentlicher Faktor für freudiges und nachhaltiges Lernen.

Ein kurzes Gegenbeispiel mag an dieser Stelle drastisch vor Augen führen, was passieren kann, wenn eine Lehrkraft ihre Präsenz plötzlich nicht mehr ausübt.

Eine Hauptschulklasse bereitet sich auf die Abschlussprüfung vor. Es sind noch wenige Wochen bis zur landesweit einheitlichen Prüfung. An einem Dienstag kommen die Schülerinnen und Schüler wie gewohnt zur Schule, aber ihre Klassenlehrerin fehlt. Es kommt eine Vertretungskraft und berichtet knapp, dass der Ein-Jahres-Vertag der Lehrerin nicht verlängert wurde und die Lehrerin kurzfristig von heute auf morgen von der Schule abgezogen wurde. – Ein Schüler packt seine Tasche und will kopflos und im Schock das Schulgebäude verlassen, wird aber gerade noch rechtzeitig daran gehindert. Andere erscheinen ab dem nächsten Tag nicht mehr. Wieder andere üben verzweifelt – „Nun erst recht!" – besonders viel auf eigene Faust für die Prüfungen; ein Mädchen und ein Junge sind so im hochaktiven Tun, dass sie tatsächlich Jahrgangsbeste werden. Am Ende fallen aber mehr als ein Drittel der Schülerinnen und Schüler aus dieser Klasse durch die Prüfungen und bekommen daher keinen Schulabschluss. In den Parallelklassen waren dagegen die Lehrkräfte konstant präsent und dort bestehen fast alle.

Es folgt nun ein Fallbeispiel, dass Sie mitten hinein in eine Pause auf einem Schulhof führt und eine mögliche Wirkung von Präsenz zeigt.

Ein Fallbeispiel zur Wirkung von Präsenz	***Kommentar und Verweis***
An meiner Schule ist es üblich, mit dem ersten Klingeln am Morgen die Schultür aufzuschließen und die Schülerinnen und Schüler hereinzulassen. Ich nutze die Gelegenheit allen Jugendlichen einen guten Morgen zu wünschen. Manche schauen noch etwas verschlafen, andere sagen auch „Guten Morgen!“, und wieder andere sind bereits wegen eines Vorfalls gereizt oder unterhalten sich angeregt über Dies und Das. Für die Frühaufsicht bin ich einmal in der Woche eingeteilt, mittwochs, und ich genieße diese Zeit der Begrüßung. Diese Begegnung, die einfach stattfindet, ohne Wertung, ohne Notendruck oder Fachwissensvermittlung, ist ein entspannter Moment. Je mehr ich selbst in Präsenz bin und bei mir sein kann, desto besser gelingt es mir den Vorbeiströmenden, auch Einzelnen, immer wieder zugewandt „Guten Morgen“ zu sagen.	*Die Lehrkraft möchte echten, präsenten Kontakt anbieten und ein Gefühl von Gesehen werden vermitteln. Damit reguliert sie ihr eigenes Nervensystem und das der Schülerinnen und Schüler (vgl. auch Selbstregulation, → Kapitel 3.3 und Co-Regulation, → Kapitel 3.4).*
Später habe ich dann Aufsicht in der zweiten großen Pause auf dem Hof. Ich komme aus zwei Doppelstunden Unterricht, kam in der ersten großen Pause kaum dazu in mein Brot zu beißen. Hungrig und auch etwas erschöpft gehe ich runter auf den Hof, wo bereits zwei andere Lehrkräfte anwesend sind. Ich suche mir einen Platz, von dem aus ich mich orientieren kann und brauche eine kurze Weile, um wahrzunehmen, dass ich noch leicht gestresst bin. Also spüre ich ein wenig nach, wie ich mit Stand- und Spielbein auf der Erde stehe. Ich beiße mit immer mehr Genuss in mein Pausenbrot und atme tief durch.	*Das Nervensystem reguliert sich und die Lehrkraft kommt langsam zur Ruhe. Genuss, wie hier das Pausenbrotessen, ist nur in einem parasympathischen Zustand wahrnehmbar.*
Es gelingt mir eine Weile mit meiner Aufmerksamkeit gleichzeitig ganz bei mir zu sein und meinen Blick über den Schulhof schweifen zu lassen, wo neben viel Freifläche auch Tischtennisplatten, Büsche und Bäume stehen. Die meisten Schülerinnen und Schüler stehen in kleinen Gruppen zusammen, andere schlendern über den Hof oder kicken einen Softball. An den Hofrändern hocken oder stehen einzelne. Es sieht nach einer ruhigen Pause aus.	*Ganz bei sich und auch bei den anderen zu sein, zeichnet einen präsenten Zustand aus.*
Kurz darauf bemerke ich in circa vier oder fünf Metern Entfernung einen lauten Streit. Ich beobachte den verbalen Schlagabtausch zweier Schüler und die umgebenden Mitschülerinnen und Mitschüler. Ich frage mich, ob ich eingreifen sollte oder nicht. Meine Atmung verändert sich, ich richte mich mehr auf, während ich die Streitenden beobachte, die inzwischen auch wilder gestikulieren.	*Durch dieses Ereignis wird der Sympathikus aktiviert. Der Alarmmodus schaltet sich ein.*

Ein Fallbeispiel zur Wirkung von Präsenz	*Kommentar und Verweis*
Meiner Körperresonanz folgend, beschließe ich mich zu nähern und mehr Präsenz zu zeigen. Mit festen, sicheren Schritten gehe ich bewusst und aufmerksam auf die Schülerinnen und Schüler zu, bleibe aber in ungefähr zwei Meter Abstand stehen. Ich spüre mein Gewicht auf dem Boden und rufe fragend: „Alles Ok bei euch?" Ich atme tiefer, spüre meine körperliche Präsenz, stehe stabil mit leicht gebeugten Knien, wie in einer Startposition. In manchen Fällen hilft bereits diese vorsorgende Haltung. Heute leider nicht.	*Durch bewussten Einsatz von Präsenz kann die Lehrkraft weiter ganz bei sich bleiben und gleichzeitig auch bei den Schülerinnen und Schülern.*
 Der Streit wird heftiger. Ich gebe die Anweisung: „Geht auseinander! Stopp!" und mache eine entsprechende Handbewegung. Die Umstehenden gehen tatsächlich einen Schritt zurück, ich stehe nun nah an den beiden streitenden Schülern. In diesem Moment holt der Große zu einem Schlag aus, hält dann aber abrupt inne und wendet sich mit puterrotem Kopf schnaufend von dem Kleineren ab – Er tritt ein paar Schritte zurück. „Ich schlage doch keine Jüngeren!", platzt es aus ihm heraus.	*Die körperliche und geistige Gegenwart der Lehrkraft unterstützt die Regulation des Schülers, der zu einer wertschätzenden Haltung zurückfinden kann.*
Nickend bestätige ich ihn in seiner Entscheidung und fühle mich erleichtert. Er dreht sich um und geht weg. Ich atme tief ein und aus, spüre, wie meine Schultern etwas lockerer lassen und schaue mich auf dem Hof um, wie die Schülerinnen und Schüler ins Schulgebäude strömen. Ich klopfe meine Arme ab, trete fest auf den Boden und begegne Blicken von mehreren entspannten Schülerinnen und Schülern, die ich beruhigt erwidere. Ich stelle fest, dass sich etwas in meiner Magengrube entspannt. Der Pausenhof leert sich. Ich schaue mich nochmal auf dem Hof um und gehe dann in den nächsten Unterricht.	*Aus dem Moment der angespannten, sehr wachsamen Präsenz heraus kann sich die Lehrkraft entspannen. Sie unterstützt ihren Körper dabei durch das Abklopfen der Arme und Spüren des festen Bodens und kann dann wieder in freundlichen Kontakt mit den Schülerinnen und Schülern gehen.*

Präsenz und Orientierung bedingen einander. Präsenz ist eine wichtige Voraussetzung sich orientiert zu fühlen und gleichzeitig hilft Orientierung zurück in die Gegenwart zu kommen. Mehr darüber erfahren Sie im nächsten Kapitel.

3.2 Was ist neben mir und wo bin ich? – Orientierung ist angesagt

Die **Orientierung** in Zeit, Raum und uns selbst mit unseren Sinnen ist elementar. Bemerken wir etwas Ungewohntes, überprüfen wir meist unbewusst, ob es eine Bedrohung darstellt oder nicht. Müssen wir uns verteidigen oder können wir in unseren Ruhezustand zurückkehren? Orientierung ermöglicht uns abzuschätzen, ob das Hier und Jetzt für uns sicher ist.

Gerade bin ich oben in der vierten Klasse gewesen, wo ich noch bis in die Pause hinein mit den Vorbereitungen für die Klassenfahrt beschäftigt war. Jetzt eile ich zum Unterricht zwei Etagen tiefer in die Klasse 2a. – Hier sind die Kinder nach der Pause recht entspannt und freuen sich auf unseren gleich beginnenden Matheunterricht mit den neuen Rechenkarten. Ich merke, wie ich etwas aus der Puste bin und mich erstmal mehrfach im Raum umschauen muss, um mich zu orientieren. Gedanklich bin ich zwar, als ich den Raum betrete, eingestimmt auf die zweite Klasse, aber bis ich tatsächlich ganz und gar mit meinem Körpergefühl dort sicher angekommen bin, dauert es etwas. Als mein Atem sich beruhigt, ich nicht mehr ständig im Raum hin und her schauen muss und auch den Windhauch vom offenen Fenster auf meiner Haut spüre, weiß ich: „Jetzt bin ich ganz da!" und kann mit dem Unterricht beginnen.

Natürlich wissen wir rein rational, wo wir gerade sind, wie zum Beispiel: „Ich bin gerade im Klassenraum der 2a und gebe da jetzt Mathematikunterricht", aber unser autonomes Nervensystem muss nach einem Ortswechsel erst überprüfen, ob es im Hier und Jetzt wirklich sicher ist. Wie wir ausführlich in den Kapiteln eins und zwei beschrieben haben, wirken in unserem Körper Gedanken, Gefühle und Empfindungen zusammen. Der Hirnstamm, wo die Empfindungen ihren Sitz haben, benötigt allerdings Zeit zur Orientierung. Vielleicht lässt sich dieses Phänomen vergleichen mit einem Jetlag im Anschluss an eine wunderschöne Urlaubsreise nach New York, wenn wir nach der langen Flugreise zu Hause in Bremen angekommen sind und am Tag darauf dennoch meinen, wir wären noch in New York. Die alte Redensart „Die Seele geht zu Fuß" kennt diese verlangsamte Orientierungsreaktion. Wir können den Ausspruch möglicherweise in Bezug setzen zur Reaktion im Hirnstamm.

Hilfreich ist es, all unsere Sinne für die Orientierung im Hier und Jetzt einzusetzen um sowohl Gedanken, Gefühle als auch Empfindungen gleichermaßen nutzen zu können. Wir können zum Beispiel das Licht im Raum einschalten, um genauer sehen zu können, ein Fenster öffnen, um den Windhauch zu spüren, die Augen im Raum schweifen lassen, wahrgenommene Geräusche zuordnen, vielleicht ein duftendes Pfefferminzbonbon lutschen oder uns kurz die Hände waschen und dabei einen freundlichen Blick in den Spiegel werfen. Das autonome Nervensystem wird damit informiert, dass aktuell keine Bedrohung in der Nähe ist und dass der Ortswechsel (zum Beispiel von einem Klassenraum in einen anderen) keiner Verteidigungsreaktion bedarf, sondern sicher ist.

Es kann unterschieden werden zwischen einer **erkundenden** und einer **defensiven Orientierungsreaktion**.[13] Bei der erkundenden Orientierungsreaktion werden entspannt Informationen über die nähere oder weitere Umgebung gesammelt. Sie ist geprägt von einem sicheren Grundgefühl, Neugier und Interesse, wie beim Suchen nach schmackhaften Pilzen. Das Nervensystem ist leicht aktiviert.

Muss allerdings eine Bedrohung genauer eingeschätzt werden, so ist der Aktivierungsgrad im Nervensystem hoch. Es läuft eine defensive Orientierungsreaktion ab. Diese Überlebensreaktion hilft uns zu erkennen, ob tatsächlich eine Gefahr besteht. Handelt es sich bei einem lauten Geräusch nur um einen harmlosen geplatzten Luftballon oder ist die Situation gefährlich, sodass wir uns für Kampf oder Flucht wappnen? Oder wirkt sie sogar lebensbedrohlich und wir erstarren?

Schülerinnen und Schüler, die den Raum neugierig erkunden, sind offen für Lernprozesse und können über den Einsatz ihrer Sinne neue Kompetenzen erlernen und ausprobieren. Schülerinnen und Schüler, bei denen dagegen eine defensive Orientierungsreaktion abläuft, sind in dem Moment nicht aufnahmebereit. Es kann auch sein, dass sie dauerhaft überwachsam reagieren – jede Bewegung im Raum kann dann ablenkend sein, eine Veränderung der Gegebenheiten führt zu einem Bedrohungsgefühl für die eigene Sicherheit. Die Verteidigungsmechanismen sind dann ständig auf „ON" gestellt. Der Klassenraum wird ggf. zur Kampfarena. Andererseits ist es auch möglich, dass sich eine defensive Orientierungsreaktion aufgrund eines sehr hohen inneren Stresspegels gar nicht erst einschalten kann. Die Personen können in dem Zustand nicht spüren, ob es für sie sicher ist oder ob etwas eine Bedrohung darstellt. Die Orientierungsreaktion wird im Nervensystem vermieden oder die Fähigkeit dazu ist vermindert.

Vielleicht ist es deutlich geworden, wie gut und notwendig es ist, die erkundende Orientierungsreaktion in den Unterricht einzuladen. Forschendes, entdeckendes, neugieriges, auch verknüpfendes, präsentes Lernen sind damit möglich. Je höher die Aufregung im autonomen Nervensystem ist, desto mehr gehen Schülerinnen und Schüler in die eigene Defensive, was Lernen und soziale Interaktionen (stark) beeinträchtigt.

Wie lässt sich also die erkundende, neugierige, entspannte Orientierungsreaktion unterstützen?

 **Übung:**

Wir können zum Beispiel unsere Orientierung bewusst trainieren, indem wir uns im Raum umschauen und Dinge (still für uns oder auch laut zusammen mit der Klasse, bzw. einzelnen Schülerinnen und Schülern) benennen, die wir dort sehen. Probieren Sie diese kleine Übung zunächst für sich selbst aus.

Im Klassenraum können das zum Beispiel Dinge sein, wie vier Lichtröhren und ein Beamer oben an der Decke, fünf Fenster zum Hof hin und die Tafel an der Wand. Vielleicht erinnert Sie dies an das altbekannte Spiel „Ich sehe was, was du nicht siehst“? Es könnte beispielsweise in Lernpausen gespielt oder in den Fremdsprachenunterricht eingebaut werden.

 **Übung:**

Eine andere, mehr unbewusst orientierende Möglichkeit wäre, einfach die Augen schweifen zu lassen und mit dem Blick auf dem, was neutral wirkt oder uns gut gefällt, zu bleiben. Probieren Sie es doch gleich mal aus.

Manchmal kann das eine Pflanze sein, die frische grüne Blätter hat, oder auch der angenehm blaue Vorhang vor dem Fenster, die dunkelrote Farbe auf einem Plakat. Erlauben wir uns einen Augenblick auf diese Weise zu genießen, solange das Auge dortbleiben mag, so bieten wir dem Hirnstamm Orientierung an. Dieses kleine feine Training bringt uns auch ein Stückchen weiter in unsere Präsenz (→ Kapitel 3.1) und ermöglicht, dass wir mehr ins natürliche innere Gleichgewicht kommen.

An Montagen, nach Hofpausen, am ersten Schultag nach den Ferien oder einfach auch zwischendurch kann es unterstützend wirken, als Lehrkraft Orientierung anzubieten. Dabei können sich auch weitere Ideen entwickeln als hier angeboten.

 **Übung:**

Zur eigenen Orientierung können Sie sich an dieser Stelle eine kleine Liste anlegen, von Dingen, die Ihnen im Schulgebäude wohltuend aufgefallen sind und an denen Sie sich auch an einem stressigen Tag orientieren mögen, wie zum Beispiel eine hübsche Wandmalerei im Flur, der farbige Anstrich im Klassenraum, Ihr Lieblingsstift im Mäppchen, ein lustiger Radiergummi, der Blick aus dem obersten Stockwerk über die ganze Gegend, o. ä.

Hier haben Sie Platz für Ihre Notiz:

Schülerinnen und Schüler im Orientierungsprozess zu unterbrechen, kann zu einer unvollständig ablaufenden Reaktion führen. Es kann sein, dass sie dann „feststecken“ im defensiven Orientieren, der Blick sich verengt, auch Gestik und Mimik sich nur noch auf die potenzielle Bedrohung richten kann. Eine erkundende Orientierungsreaktion ist eher vergleichbar mit einer weiten Wahrnehmungsfähigkeit, einer facettenreichen Mimik und Gestik. Für eine vollständig ablaufende Orientierungsreaktion ist es notwendig mitzukriegen, wo man sich befindet. „Neben wem sitze ich und wer ist da noch in meiner Klasse / in meinem Kurs?“ oder „In welchem Stockwerk befinde ich mich eigentlich gerade?“ sind hilfreiche Fragen, denen mit allen Sinnen nachgegangen werden sollte. Auch die Antworten auf die Fragen: „Wie sind die Unterrichts- und Pausenzeiten?“ oder: „In welchem Monat beginnen die Bauarbeiten auf dem Schulhof?“ ermöglichen Orientierung. Mit solchen Fragen kann sich Neugier und Offenheit entwickeln. Genau damit setzen wir unsere gesamten Gehirnebenen ein und vermeiden unvollständige Verteidigungsreaktionen, die sich in patzigen Bemerkungen, Mobbing von Mitschülerinnen und Mitschülern aber auch Lernblockaden und Unterrichtsstörungen äußern können.

Einen besonderen Aspekt des Themas „Orientierung ist angesagt“ möchten wir Ihnen im folgenden Fallbeispiel zeigen. Doch zuvor noch eine kleine Übung ...

Übung:

Wenn Sie sich die Illustration anschauen, was sehen Sie? Was kommen Ihnen für Einfälle?

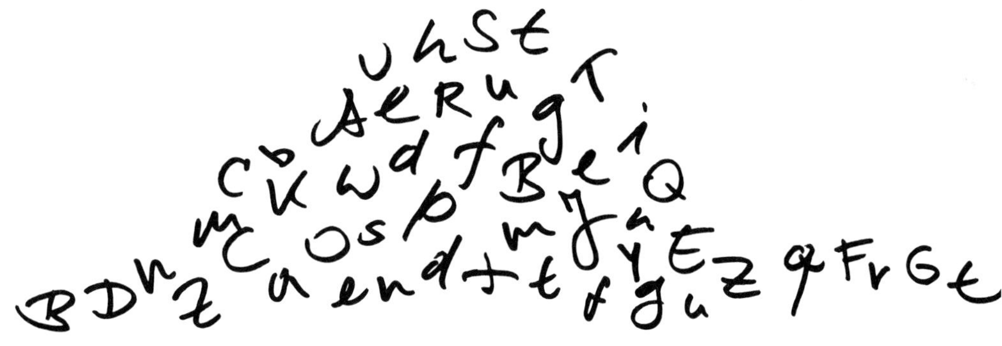

Sie finden hier Platz für Ihre Notizen:

Im Fallbeispiel geht es nun um die Orientierung im Buchstabenwirrwarr. Wir zeigen Ihnen eine Möglichkeit, einer Lese-Rechtschreib-Schwäche mit dem Blick auf Orientierungsreaktionen körperorientiert zu begegnen.

Ein Fallbeispiel zur Orientierung	*Kommentar und Verweis*
Seit kurzem bin ich Lehrkraft in der neuen fünften Klasse und unterrichte dort Deutsch. Schon bald fällt mir auf, dass der Stand der Rechtschreibung sehr heterogen ist. Aus den Grundschulen habe ich bislang noch keine Information erhalten, aber ich vermute Fälle von Lese-Rechtschreib-Schwäche unter meinen Schülerinnen und Schülern. Bei Laura, einer Schülerin, die in der ersten Reihe sitzt, fällt mir auf, dass sie oft nur einzelne Wörter schreibt, die dann aber unlesbar für sie selbst und auch mich sind.	*Die Lehrkraft orientiert sich, wer welche Kompetenzen mitbringt.*
Allgemein zeigt sie sich eher zurückgezogen und verweigert oft Aufgaben. Während die Klasse eine andere Aufgabe bearbeitet, gebe ich Laura einen kurzen Text und bitte sie ihn abzuschreiben. Schon nach kurzer Zeit gibt sie die Aufgabe auf. Ihr liniertes Blatt ist gefüllt mit Buchstaben verschiedener Art, die in einer Zeile beginnen, dann weiter runterrutschen in die nächste oder übernächste Zeile. Da sie nicht weiterkommt, beginnt sie das Blatt mit roten Herzen zu schmücken. Ich beobachte sie dabei, schaue sie freundlich an und sage, der Schmuck sieht schön aus. Sie lächelt etwas ungläubig, hat sicherlich etwas anderes erwartet, vermutlich eine Zurechtweisung. Ich lächele zurück und übe mich in Präsenz. Als sie fertig ist und der schräg beschriebene, unleserliche DIN-A4-Bogen voller Herzen ist, schenkt sie mir das Blatt.	*Wie arbeitet die Schülerin? Was sind ihre Ergebnisse? Die Lehrkraft vermag in der erkundenden Orientierungsreaktion zu bleiben und würdigt das Ergebnis ohne Wertung der Rechtschreibleistung; sie baut eine verlässliche Verbindung zur Schülerin auf.*
Zu Hause habe ich Zeit es genauer zu betrachten, ziehe aber keine Schlüsse daraus und bin etwas verzweifelt, wenn ich an die erste Klassenarbeit von Laura denke, die ich dann benoten muss. Da bekomme ich plötzlich Mut, als ich feststelle, dass die Herzen durchaus harmonisch gezeichnet und wohlgeformt sind. Ich erkenne eine Art Potenzial in dem für mich als Deutschlehrerin zunächst wirren Blatt und erinnere mich aufatmend an eine Aussage von Peter Levine[14], dem Begründer von Somatic Experiencing (SE)®: „Die Biologie ist auf Ihrer Seite!"	*Erkundendes Hinschauen ermöglicht der Lehrkraft einen Weg zu finden, wie sie weiter verfahren möchte. Auch sie braucht Orientierung.*
In der nächsten Deutschstunde frage ich Laura, wie sie sich den Deutschunterricht für sich vorstellt, auf welche Weise sie mitarbeiten kann, und ich ermuntere sie aktiver an ihrer Rechtschreibung zu feilen. Die Schülerin ist recht erstaunt, dass ich sie auf diese Weise anspreche und versteht zunächst nicht, was ich meine. Sie ist offensichtlich ohne Orientierung. Ich nehme dies wahr und halte ihre Orientierungslosigkeit aus, unterstütze Laura durch aufmunternden Augenkontakt und Zuwendung durch eine offene, ihr zugewandte Körperhaltung von meinem Pult aus.	*Die Schülerin in ihrer Orientierungslosigkeit ernsthaft wahrzunehmen, kann stressbewältigend wirken und eine erkundende Orientierungsreaktion bei ihr auslösen.*

Ein Fallbeispiel zur Orientierung	***Kommentar und Verweis***
Während ich das Unterrichtsgespräch über Ankommen in der fünften Klasse weiterführe und Erlebnisse der Klasse sammle, winkt mich plötzlich Laura zu sich und möchte ein liniertes Blatt von mir haben. Noch während ich es ihr gebe, holt sie ihr Deutschbuch heraus und blättert auf eine Schmuckseite mit einem kurzen Gedicht. Sie nimmt ihren Bleistift und beginnt, das Gedicht abzuschreiben. Ich bin sprachlos und versuche mein Erstaunen mir nicht zu sehr anmerken zu lassen, um sie nicht abzulenken.	*Das Nervensystem der Schülerin ist jetzt so entspannt, dass sie auf ihre Weise am Deutschunterricht teilnimmt.*
Als sie fertig ist, reicht sie mir das Blatt. Wieder sehe ich viele rote Herzen. Dieses Mal sind die Wörter auch unleserlich aber die Zeilen sind halbwegs eingehalten. Kurz überlege ich, ob die kurzen Verse des Gedichts ihr wohl entgegenkommen. Spannend finde ich auch, dass Laura nach getaner Arbeit sich nicht verkriecht und ihren Kopf wie so oft unter ihren Armen versteckt, sondern dass sie sich sehr ausgiebig nach hinten streckt und in einer Art genüsslicher Entspannungshaltung einige Minuten verweilt.	*Die (kleine) Entspannungsphase gehört zur vollständig ablaufenden Orientierungsreaktion dazu. Gerade hier kann sich im neuronalen Netzwerk (alter) Stress lösen.*
In der nächsten Deutschstunde war Laura so zurückgezogen wie ganz am Anfang und sie verweigerte jegliche Mitarbeit. Ich begann für die Klasse viele Punkte an die Tafel zu zeichnen, die die Schülerinnen und Schüler zunächst an der Tafel, dann mit eigenen Punkten auf Papier verbinden sollten. Einige entwickelten kreative, eng verwobene Muster, andere zeichneten nur wenige Verbindungen. Meine Intention war es, dass die Schülerinnen und Schüler in einen kreativen Arbeitsprozess einsteigen sollten, um danach offen und sinnorientiert am Deutschunterricht teilnehmen zu können. Als Laura schließlich mitmachte, zeichnete sie mit Punkten einen Kreis und verband die Punkte mit einer Linie.	*Punkte verbinden kann eine Übung für die erkundende Orientierungsreaktion sein. Die Schülerinnen und Schüler lernen sich neugierig und offen darauf einzulassen, welche Muster entstehen können.*
Ich fragte sie, ob sie irgendwo im Körper ein Gefühl für genau diese runde, verbundene Form spüren würde. Sie überlegte kurz und deutete dann auf ihren Bauch. Ich bat sie, wenn möglich, ihre Hand dorthin zu legen und sagte: „Wenn du möchtest, könntest du jetzt so mit der Hand auf dem Bauch ausruhen, du hast schon viel getan."	*Im zweiten Teil der Übung kann dann das Körpergespür mit eingebunden werden, um auf der Ebene des Hirnstamms Stress loslassen zu können.*
Über mehrere Deutschstunden versuchte ich die erkundende Orientierungsreaktion anzusprechen und mit ihr auf der Ebene ihrer Körperempfindungen zu arbeiten. Eine Ebene, die der Neokortex nicht erreicht.	

Ein Fallbeispiel zur Orientierung	*Kommentar und Verweis*
Es wurde langsam schon Winter und Laura schrieb inzwischen stets auf der Linie, manche Wörter waren lesbar geworden, andere nicht. Die Schülerin besaß jetzt den Status der Lese-Rechtschreib-Schwäche und war vom Notendruck befreit. Ich begann nun auch Spiele zur Orientierung im Raum in den Unterricht einzubauen, wie „Nenne mir drei Dinge im Raum, die blau sind!" oder auch „Nenne mir bitte fünf runde (rechteckige/gelbe/quadratische ...) Dinge!" Sowohl der Aufbau einer verlässlichen Verbindung als auch eine immer mehr erkundende Orientierungsreaktion und das entstehende Gefühl für Sicherheit im Raum unterstützten Laura weiter auf ihrem Weg.	
Inzwischen ist die Schülerin in der neunten Klasse. Sie strebt ihrem Hauptschulabschluss zu und kommt in den Schulfächern auch schriftlich zurecht. Über die Arbeit mit dem autonomen Nervensystem ist etwas in Gang gekommen, was ihre Lernschwierigkeiten und ihre Lese-Rechtschreib-Schwäche gemildert hat.	*Die Lehrkraft hat eine gute Verbindung weiterhin im Blick. Auch dies kann zur Stressregulation beitragen.*

★ **Übung:**

Wenn Sie etwas aus dem Fallbeispiel besonders angesprochen hat oder Sie Fragen haben, können Sie sich hier eine Notiz dazu machen:

3.3 Kopf und Körper regulieren sich – Die Biologie der Selbstregulation verstehen

Selbstregulation ist die Fähigkeit des Körpers zwischen Anspannung und Entspannung flexibel zu wechseln. Gelingt diese Regulation nicht, können sozial-emotionale und schulische Probleme auftreten. Die Selbstregulation des Körpers ist eine Grundlage für Lernprozesse.

Vier Stunden Hauptfächer, dazu noch weitere Nebenfächer, können für viele Schülerinnen und Schüler normaler Schulalltag sein, bei anderen aber großen Stress auslösen. Die persönlichen Reaktionen bei Gedrängel auf den Gängen, Lärm im Klassenzimmer oder dem plötzlichen Bemerken von vergessenem Arbeitsmaterial fallen bei Lehrkräften und Lernenden unterschiedlich aus. Es gehört zu unserem Schulalltag, in schneller Folge ständig neue Impulse zu erfahren. Der Umgang damit will gelernt sein. Wie kann ich für mich sorgen und Stress im Schulalltag abbauen? Wie kann ich als Lehrkraft den Schülerinnen und Schülern helfen, mit stressigen Situationen präsent umzugehen? Kurz gesagt: Wie kann ich sicher durch den Schulalltag surfen, statt von ihm überrollt zu werden?

Es ist – wie mehrfach beschrieben – das autonome Nervensystem, das unsere unwillkürlichen Reaktionen reguliert. Es sorgt wie gesagt u. a. für ruhiger oder schneller werdendes Atmen und rasendes Herzklopfen. Sobald wir uns bedroht fühlen, also das beschriebene Gefühl für Sicherheit fehlt und vermeintliche Gefahr besteht, bereitet das autonome Nervensystem uns auf die uralten Reaktionen von Flucht oder Kampf vor. Ein Schüler reagiert irrtümlich auf den Spaß eines Mitschülers, bekommt Herzrasen und fängt unwillkürlich an ihn wütend zu treten. Ein anderer schaut wie abwesend mit flachem Atem aus dem Fenster oder auf seinen Tisch, wenn er von der Lehrerin auf das vergessene Arbeitsbuch angesprochen wird. Eine Schülerin sitzt mit starkem Herzklopfen im Unterricht, ohne dass sie dieses wirklich bemerkt, und knüllt hektisch ständig neue Papierbälle zusammen. Eine Lehrkraft reagiert automatisch mit hoher innerer Erregung und verzweifelter Wut, wenn es in der Klasse zu laut ist. – Zeigt sich, dass die Gefahr gebannt ist oder es ein „Fehlalarm“ war, beruhigt sich unser autonomes Nervensystem wieder und wir kehren in einen entspannten und ruhigen Zustand zurück. Die Schülerinnen und Schüler können dem Unterricht wieder folgen oder schlendern in der Pause entspannt in Kleingruppen über den sonnigen Schulhof.

Selbstregulation ist auch die Kunst, sich auf die biologisch fundierte Folge von Anspannung und Entspannung zu verlassen und mit verschiedenen Emotionen umgehen zu können. Sie wird angeregt durch die Methoden, die wir Ihnen in den bisherigen Kapiteln (und auch den folgenden) präsentieren. Neugeborenen steht die Selbstregulation noch nicht zur Verfügung. Wir erlernen sie über Bezugspersonen und Kontakte zu Menschen mit regulierten Nervensystemen. Sind die Bezugspersonen weder zugewandt noch empathisch und damit nicht in der Lage Aufregung und Stress beim Säugling zu regulieren, kann die Selbstregulation nur eingeschränkt ausgebildet werden. Im Laufe des Lebens können durch überwältigende Ereignisse wie zum Beispiel Vernachlässigung, eine Operation, Unfälle weitere Dysregulierungen auftreten, die durch das Einbeziehen aller drei Gehirnebenen geduldig und behutsam wieder aufgelöst werden können. Mit etwas Übung gelingt es immer mehr, in den eigenen Körper hineinzuspüren und dort Wegweiser für unser Verhalten zu finden.

Das Spüren wird immer feiner und schneller, je mehr man es anwendet. Indem ich meine Körperempfindungen erspüre, werde ich situativ handlungsfähiger und flexibler. Es ist möglich, nach einem äußeren Reiz kurz innezuhalten, nachzuspüren („Was passiert gerade in meinem Körper?“) und erst dann zu handeln: *„Zwischen Reiz und Reaktion liegt ein Raum. In diesem Raum liegt unsere Macht zur Wahl unserer Reaktion. In unserer Reaktion liegen unsere Entwicklung und unsere Freiheit.“*[15]

Anhand eines Beispiels können Sie im Folgenden eine klassische Schulsituation miterleben, welche mit der körperorientierten Stressbewältigung geklärt und deeskaliert wird. Der Fokus liegt dabei auf dem Beobachten der Selbstregulation. Stellen Sie sich folgende Situation vor:

Es ist die sechste Schulstunde in einer neunten Klasse. Ein Schüler in der hinteren Reihe packt plötzlich seine großen Über-Ohr-Kopfhörer aus und setzt sie auf, verbindet sie schnell mit dem Handy, steckt dieses in die Jackentasche und schaut dann vor sich hin …

Bevor Sie weiterlesen und erfahren, wie die Lehrerin auf die Situation eingegangen ist, möchten wir Ihre Neugier weiter wecken und Sie zu einem kurzen Experiment einladen.

★ **Übung:**

Kreuzen Sie bitte an, was für Sie gerade passt:

Welche Gedanken kommen Ihnen zu der beschriebenen Situation und wie bewerten Sie diese?

- ☐ Der Schüler mit den Kopfhörern stört.
- ☐ Er will mich provozieren.
- ☐ Der Schüler nimmt meinen Unterricht nicht ernst.
- ☐ Er will jetzt den Unterricht boykottieren.
- ☐ Er chillt.
- ☐ Mein Unterricht ist vielleicht zu langweilig.
- ☐ Sein Verhalten ist einfach unverschämt! Ich nutze gleich eine Sanktion!

Wenn ich in mich hineinspüre, bemerke ich:

- ☐ Mir bleibt die Luft weg.
- ☐ Mein Herz beginnt zu rasen und ich schwitze.
- ☐ Mir wird übel, wenn ich das lese.
- ☐ Der Ärger schlägt mir auf den Magen.
- ☐ Den Schüler kann ich nicht riechen.
- ☐ Ich könnte aus der Haut fahren.
- ☐ Da rümpfe ich die Nase.
- ☐ Ich drücke einfach ein Auge zu, um mich nicht stören zu lassen.
- ☐ Ich ______________________________

Und nun markieren Sie bitte die Wörter, die für Sie in den Satz: „In mir fühlt es sich ... an" passen:

durcheinander nervös warm

GELÄHMT verschwitzt hektisch

angespannt weit pulsierend zittrig RUHIG

kalt klamm offen prickelnd STARK

sich verengend stumpf schäumend

Wie Sie bereits erfahren haben, kann das Beobachten und Benennen der eigenen Körperempfindungen zur Lösung von Situationen beitragen. Die Trennung von Gedanken und Körperwahrnehmung gibt uns die Zeit und den Raum für die Wahl unserer Reaktion.

Übung:

Da die Ebene der Empfindungen vermutlich im pädagogischen Prozess bisher eher selten berücksichtigt wird, möchten wir Sie nun gern einladen, während des Lesens im Fallbeispiel beim Zeichen ⓟ jeweils kurz zu pausieren, innezuhalten und Ihren eigenen Körperempfindungen nachzuspüren. – Was nehmen Sie zum Beispiel im Oberkörper wahr? Wärme oder Kälte, Enge oder Weite, etwas Pulsierendes oder eher etwas Taubes? Spüren Sie vielleicht ein auftretendes Gefühl, wie Freude, Wut, Trauer, ... oder auch nicht? Wie ist es bei Ihnen? Das Spüren ist ein Lernprozess. Es wird wie gesagt immer feiner und schneller, je mehr man es anwendet. Viel Freude bei der Selbstbeobachtung!

Hier ist Platz für Ihre Notiz:

Ein Fallbeispiel zur Selbstregulation	***Kommentar und Verweis***
Es ist die Fünfminutenpause zwischen der fünften und sechsten Stunde. Die Schülerinnen und Schüler der neunten Klasse unterhalten sich, essen und trinken. ⓟ	
Die Lehrkraft nimmt bewusst Kontakt zum eigenen Körper auf. „Bin ich wach oder eher müde?“ Sie spürt ihrem Stand auf dem Boden nach, trinkt etwas und schaut gleichzeitig durch den Raum und nickt einzelnen Schülerinnen und Schülern zu.	*Wie ist die Stimmung in der Klasse? Welche Schülerinnen und Schüler wirken erschöpft? Wer ist eher aufgedreht?*
Die zweite Hälfte der Doppelstunde beginnt. Die Schülerinnen und Schüler wollen sich weiter auf die Teilnahme an einem Wettbewerb vorbereiten. Ich bitte zwei Schülerinnen und Schüler das vorbereitete Arbeitsblatt auszuteilen. Da sehe ich, wie ein Junge in der hinteren Reihe seine großen Über-Ohr-Kopfhörer auspackt, mit seinem Handy verbindet und aufsetzt. ⓟ Das Smartphone steckt er in die Jackentasche und schaut dann vor sich hin. ⓟ „Er hört Musik“, denke ich und überlege kurz, ob ich eingreifen soll. Auf eigene Faust Musik zu hören ist im Unterricht normaler Weise an meiner Schule verboten. Diesen Kurs habe ich erst seit Kurzem. Gleich in der ersten Stunde hatte ich einen Wutausbruch dieses Jungen mitbekommen, bei dem er große Schwierigkeiten gehabt hatte, sich zu beruhigen. Der Junge ist bereits früher in anderen Klassen aufgefallen, durch Wutausbrüche ohne von außen zu erkennendem Anlass.	*Die Lehrkraft beobachtet: „Was sehe und höre ich, was spüre ich in mir?“ Sie bewertet die Situation nicht direkt, sondern pausiert innerlich kurz und spürt in sich hinein. „Bin ich nervös oder ruhig? Fühle ich mich zittrig, verschwitzt oder angespannt? Was ist da noch?“ (vgl. Präsenz, → Kapitel 3.1)* *Um die Situation besser einschätzen zu können, orientiert sich die Lehrkraft anhand ihres Vorwissens. (Vgl. Orientierung, → Kapitel 3.2)*

Ein Fallbeispiel zur Selbstregulation	***Kommentar und Verweis***
Ich überlege kurz: „Wenn Sam jetzt Kopfhörer anzieht und anscheinend Musik hört … telefonieren tut er nicht, sein Mund ist geschlossen … dann wäre das ein großartiger Schritt … hin zur Selbstregulation! Er versucht sich selbst zu beruhigen!“ Ⓟ 	*Inwieweit wirkt gerade die biologische Selbstregulation des Körpers? In der Präsenz der Beobachtung versucht die Lehrkraft die Situation näher einzuschätzen.*
Ich bin also neugierig, wie es weitergeht und beschließe, die Kopfhörer, die Schülerinnen und Schüler im Unterricht normal nicht tragen dürfen, erstmal zu ignorieren. In dem Moment treffen sich kurz unsere Augen, ich lächle ihm zu, in der Hoffnung, er versteht mein Anliegen, ihn in seinem Tun wahrzunehmen und seine Beruhigung zu unterstützen. Ⓟ	*Die Lehrkraft unterstützt die Selbstregulationskompetenz des Schülers und wendet Co-Regulation an (vgl. Co-Regulation, → Kapitel 3.4).*
Kurz darauf meldet sich ein Mitschüler. Ich freue mich, dass wir mit dem Arbeitsblatt beginnen können, aber der Schüler sagt anklagend: „Sam hört Musik!“ Ein Raunen geht durch die Klasse, viele schauen entrüstet zu Sam hin. Der wird rot, seine beiden Hände halten verkrampft das Arbeitsblatt, das leicht geknickt vor ihm liegt. Sein Kopf kippt nach unten, seine Schultern nach vorne. Ⓟ	*Die Lehrkraft beobachtet die Körperhaltung des Schülers und erkennt Scham sowie den Wunsch sich vor Angriff zu schützen. Der Sympathikus seines autonomen Nervensystems ist aktiv.*
„Ich weiß“, sage ich mit fester Stimme und schaue Sam dabei an. Ich darf jetzt auf keinen Fall aus dem Kontakt gehen, spüre ich. Ⓟ	*Kontakt bedeutet hier Sicherheit, Verbundenheit, Unterstützung der Selbstregulation.*
Im Raum liegt eine Stimmung, wie sie bei einem Regelbruch öfter mal in Klassen zu spüren ist: anklagend, richtigstellend, entsetzt. „Ich weiß“, sage ich noch einmal. Ⓟ Mir ist bewusst, dass ich in diesem Moment für alle im Raum Sicherheit gewährleisten muss. Für mich selbst in meiner Position als neue Lehrkraft, für Sam, den ich in seiner Regulation bestärken möchte und für die, die die Klassenregeln einfordern. Ⓟ Sam hebt jetzt den Kopf, schaut mich an. – Für mich ein Zeichen der Verbundenheit. – Ich sehe ihm in die Augen und sage laut: „Ich bin sicher, Sam hört gerade Musik. Richtig, Sam?“ Er nickt, immer noch mit gerötetem Kopf. „Sein Sympathikus ist aktiv“, denke ich.	*Die Lehrkraft hält den Kontakt zu ihrem eigenen Körpergespür und prüft: „Was sorgt im Moment für Sicherheit im Raum? Der zugewandte und freundliche Kontakt, sowie meine transparente Bemerkung scheint die Nervensysteme in der Klasse anzusprechen und zu regulieren“ (vgl. Co-Regulation, → Kapitel 3.4). Leicht beruhigt nimmt sie wahr, dass der Schüler sein hohes inneres Spannungsniveau im Blickkontakt halten kann.*
Ich spüre meine Füße fest auf dem Boden und sammle mich, atme kurz tief ein und aus, Ⓟ spüre gleichzeitig den Kontakt zu Sam, der mich weiterhin anstarrt, als suche er Halt, und sage dann laut: „Das ist für mich ok.“ Ich schlucke. „Ich meine, für ihn ist es jetzt gerade wichtig und richtig, Musik zu hören“, wende mich mit meinem Blick und meiner Körperhaltung der Klasse zu: „Musik tut gut. Das wissen viele von euch. Und wenn er fertig gehört hat, dann wird er in zwei oder drei Minuten ganz sicherlich wieder gut im Unterricht mitmachen.“ Ich schaue Sam erneut an, der nickt erleichtert. Ⓟ	*Sicherer und bewusster Bodenkontakt in Präsenz unterstützt die eigene Selbstregulation.* *Innere Ruhe wirkt durch die Verbundenheit der autonomen Nervensysteme in der Klasse regulierend (vgl. Co-Regulation, → Kapitel 3.4). Gleichzeitig geben die erklärenden Worte der Klasse eine Orientierung, welche sie und auch die Lehrkraft entspannt (vgl. Orientierung, → Kapitel 3.2).*

Ein Fallbeispiel zur Selbstregulation	***Kommentar und Verweis***
In mir steigt auch Erleichterung auf, ich atme tief ein und aus, es kribbelt leicht in mir. Ⓟ	*Der tiefe Atemzug und das leichte Kribbeln zeigt, dass sich Restspannung löst.*
Die Schülerinnen und Schüler wenden sich dem Arbeitsblatt zu. „So einfach war es bisher nicht gewesen, da hatte ich Glück“, geht es mir durch den Kopf. „Wie oft haben schon Schülerinnen und Schüler protestiert und auf den geltenden Regeln bestanden. Aber in diesem Fall haben sie einem neuen Umgang mit den Regeln stattgegeben.“	*Die Bereitschaft der Klasse, weiter im Unterricht mitzumachen wurde durch die Unterrichtsstörung nicht in Mitleidenschaft genommen, sondern die soziale Verbundenheit wurde eher gestärkt.*
Niemand sagt etwas, als Sam tatsächlich nach knapp zwei Minuten die Kopfhörer auszieht, wegpackt und beginnt, sich am Unterricht zu beteiligen. Ich sehe einige erstaunte Blicke, die ich zunickend erwidere, aber es ist kein verbalisiertes Thema mehr. Wir sind nun ganz beim Arbeitsblatt und der Wettbewerbsvorbereitung. Ⓟ	*Das Raumgeben für die Selbstregulation ermöglicht Akzeptanz in der Klasse und die Bereitschaft im Unterricht aktiv mitzumachen.* *Zunicken heißt hier co-regulieren, bestätigen, gesehen werden.*
Am Ende der Stunde gehe ich zu Sam hin und frage ihn, ob er die Musik wirklich gehört hätte, um sich zu beruhigen. „Ja.“ – „Und hat es dir geholfen?“ – „Ja.“ Ⓟ Ich spüre eine Wärme in mir hochsteigen, freue mich und sage: „Da hast du jetzt etwas gefunden, was dich beruhigt. Super! Da kannst du echt stolz auf dich sein!“ Ⓟ	*Um das Erkennen der Selbstwirksamkeit des Schülers noch weiter zu bestärken, würdigt die Lehrkraft explizit sein Handeln. Ihr ist es wichtig, dass er seinen eigenen Weg zur Selbstregulation anerkennt.*
Die Wärme, die sich angenehm in mir ausbreitet, genieße ich eine Weile. Die neue Erfahrung darf sich im Körper, im Nervensystem, breitmachen und sich verfestigen. Durch das Wissen um Selbst- und Co-Regulation bin ich sicher, dass auch bei Sam die neue Erfahrung wirkt. Ⓟ	*Die gute neue Erfahrung bedarf der Integration. Integration braucht etwas Zeit. Die Neuvernetzung von Nervenzellen setzt ein (vgl. Ressourcen, → Kapitel 4.1).*
Er schüttelt sich leicht, steht dann auf, nimmt seine Schultasche und geht aus dem Raum. Es ist Schulschluss. Eine Woche später sagt mir ein Mitschüler schon beim Betreten der Klasse, dass es Sam jetzt bessergehe. Er wäre nicht mehr so wütend. Aber heute sei er nicht da. In den Stunden danach, als Sam wieder anwesend ist, hört er keine Musik mehr. Stattdessen sitzt er auf der anderen Raumseite in der mittleren Tischreihe und engagiert sich in seiner Kleingruppe für die Teilnahme am Wettbewerb. In den Pausen auf dem Gang grüßt er mich freundlich. Ⓟ	*Mit dem Wissen um sein Bedürfnis der Selbstregulation und der neuen Erfahrung ist der Schüler in der Lage angemessenere Lösungen während des Unterrichts zu finden.*

Vielleicht sind Sie jetzt neugierig geworden und möchten den Weg der wahrzunehmenden Körperempfindungen weiter selbst ausprobieren und neue Erfahrungen machen? Wir schlagen Ihnen die folgende Übung vor:

Übung:

Kümmern Sie sich, wenn Sie einen Klassenraum betreten, zunächst kurz um sich und nehmen Sie bewusst den eigenen Kontakt zum Boden wahr – ähnlich der Empfehlung im Flugzeug, zuerst die eigene Sauerstoffmaske aufzusetzen, bevor Sie anderen helfen.

- Was nehmen Sie wahr? Wie stehen Sie? Was bemerken Sie sonst noch in Ihrem Körper, wenn Sie die Füße auf dem Boden bewusst spüren?

Halten Sie den Kontakt zu Ihrem Körperempfinden, auch wenn Sie nun in Verbindung zur Klasse gehen.

Und genau diese achtsame Übung zum Ablauf von Selbstregulation können Sie selbstverständlich auch mit Ihrer Klasse durchführen. – Im nächsten Kapitel erfahren Sie dann, wie sich Ihre Selbstregulation auf Mitmenschen auswirkt.

3.4 Andere geben Unterstützung – Zur Selbstregulation gehört die Co-Regulation

Zwei oder mehrere Menschen können sich in ihrer Selbstregulation gegenseitig unterstützen und bestärken. Ein regulierter Mensch kann beruhigend – also **co-regulierend** – auf andere wirken, und damit ein Gefühl von Sicherheit vermitteln. Durch freundlichen Blickkontakt, eine ruhige Stimmlage oder auch gleichmäßige Atmung kann Regulierung gelingen. Auch Tiere können co-regulierend wirken.

Eine Schülerin kommt außer Atem angelaufen, berichtet sehr aufgeregt und mit großen Augen, ein Schüler sei gestürzt. Sofort spüre ich als aufsichtshabende Lehrkraft meine eigene Aufregung und Anspannung. Gleichzeitig weiß ich, wie wichtig die eigene Ruhe ist und nehme einen tiefen Atemzug. Ich spüre in meine Füße hinein, werde dadurch ruhiger und gehe so selbstreguliert in einen möglichst freundlichen, unterstützenden Kontakt mit der Schülerin. Wir eilen zusammen zu dem verunfallten Schüler. Auf dem Weg bleibe ich weiter in Kontakt mit der Schülerin, komme selbst noch mehr ins Hier und Jetzt (Präsenz), frage sie, wo genau der Schüler liegt (Orientierung) und spüre meine Füße auf dem Boden, während ich gehe (Präsenz und Selbstregulation). Ich unterstütze die Schülerin mit ruhiger, fester Stimme, sodass sie sich entspannen kann und achte darauf, dass ich selbst auch so reguliert wie möglich bei dem verunfallten Schüler ankomme.

Vielleicht fragen Sie sich jetzt nach dem Zusammenhang zur Co-Regulation. Welche Rolle spielt sie? Wofür ist sie hilfreich? Wieso ist es nicht sinnvoll oder sogar dysregulierend, als Lehrkraft in der beschriebenen Szene die berichtende Schülerin zu ignorieren, nervös und hektisch loszulaufen und den verunfallten Jungen mit etlichen Fragen zu überhäufen?

Nach dem Psychiater und Neurowissenschaftler Dr. Stephen Porges sind unsere autonomen Nervensysteme auf Verbindung angewiesen, um biologisch zu überleben.[16] Sie befinden sich in einem ständigen Austausch miteinander, suchen und senden laufend Signale für Sicherheit und auch für Gefahr. Vermittle ich als Lehrkraft über mein Nervensystem Signale für Sicherheit, können Schülerinnen und Schüler sich sicher fühlen und ein reguliertes Nervensystem entwickeln, welches ihr Lernen unterstützt.

Co-Regulation geschieht, wenn Menschen **ko**operieren, also sich **zusammen**tun und ihre autonomen Nervensysteme sich in Verbundenheit **gemeinsam** unterstützen. Es ist wichtig, sich diesen Wert von Co-Regulation bewusst zu machen, denn genauso können Menschen natürlich auch andere dysregulieren, indem sie selbst nicht genügend Sicherheit verspüren und damit Unsicherheit verbreiten.

Unsere Schülerinnen und Schüler bringen alle unterschiedliche Co-Regulationserfahrungen von zu Hause mit. Lassen Sie uns daher kurz im Folgenden darauf eingehen, wie sich unsere Co-Regulationsfähigkeit im Leben entwickelt.[17]

Kommt ein Mensch auf die Welt, ist das autonome Nervensystem noch nicht vollständig entwickelt. Der ventrale (vordere) Vagus, der Teil des Nervensystems, der für den sozialen Kontakt und das Miteinander zuständig ist, reift erst heran. Umso notwendiger ist ein Säugling auf Bezugspersonen angewiesen, die gut auf ihn eingestimmt sind. Dadurch reift die angeborene Fähigkeit zur Selbstregulation heran. Das Kind entwickelt ein Gefühl von Sicherheit, Geborgenheit und Schutz.

In Notsituationen oder Eltern-Kind-Beziehungen, in denen nicht adäquat auf die Bedürfnisse des Kindes reagiert werden kann, erlebt das Kind Verunsicherung und Irritation. Das kindliche autonome Nervensystem schaltet um in den Zustand von Gefahr und befindet sich im Dauerstress.

Das autonome Nervensystem des Menschen wird also durch die Interaktionen mit anderen Menschen (oder auch Tieren) geformt. Prägen vor allem dysregulierende Verbindungen das Kind (auch schon im Mutterleib), ist es hilfreich, dem Nervensystem zu späterer Zeit die Möglichkeit zu geben, nachzureifen, damit es den Zustand von Sicherheit kennenlernt. Dies ist die **Basis für gelingendes Lernen.**

Da wir Menschen als soziale Wesen nicht allein leben und lebenslang auf soziale Kontakte und Co-Regulation angewiesen sind, ist es wesentlich, dass wir unsere Fähigkeit zur Selbstregulation mit wiederholten Erfahrungen von gelingender Co-Regulation anreichern. Dieses Wissen können wir in der Schule umsetzen, indem wir den Schülerinnen und Schülern möglichst viele Situationen ermöglichen, in denen sie sich sicher und verbunden fühlen.

Gehen wir zurück zu dem gestürzten Jungen und der herbeieilenden Lehrkraft. Mit dem Wissen um Co-Regulation weiß sie, wie essenziell notwendig es ist, dem Jungen durch warmherzigen, mitfühlenden Augenkontakt, mit ruhiger Stimme und bewusster eigener Präsenz zu begegnen. Mögliche Stress- und Schockenergien können sich durch ihre Co-Regulation bei ihm lösen. Weinen oder Zittern sind dabei willkommene Körperreaktionen und entlasten das Nervensystem des Kindes. Der Sturz bleibt im Nachhinein lediglich als Ereignis in Erinnerung, hinterlässt aber keine dysregulierenden Auswirkungen auf das Nervensystem.

Zusammenfassend lässt sich sagen: Die Co-Regulation eines ruhigen Gegenübers unterstützt das Gefühl von Sicherheit und gibt dem Menschen über sein autonomes Nervensystem ein Zeichen, dass Hilfe da ist und Selbstregulation möglich ist.

Im Folgenden stellen wir Ihnen nun ein kommentiertes Fallbeispiel vor, in dem das Wissen um Co-Regulation konkret in einer Unterrichtssituation genutzt wurde.

Übung:

Dazu möchten wir Sie vorab herzlich einladen, sich selbst mit Fragen auf die Wirkung von Co-Regulation einzustimmen.

- Als Lehrkraft haben Sie sicherlich Erfahrungen mit dem Einsatz Ihrer Stimme. Welche Stimmlage setzen Sie ein, um Schüler und Schülerinnen zu besänftigen? Wie klingen Sie? Probieren Sie einmal Ihre Stimme in Ihrer ganzen Bandbreite dafür aus. Was können Sie Neues entdecken?
- Schauen wir nun auf den Blickkontakt. Welche Auswirkungen hat für Sie ein warmherziger Blick, welcher ein strafender? Wie fühlt es sich an, wenn Sie sich dabei im Spiegel betrachten? Beobachten Sie möglichst wertfrei Ihre Körperempfindungen.

Ein Fallbeispiel zur Co-Regulation	*Kommentar und Verweis*
Ich habe mir angewöhnt, vor jeder neuen Unterrichtsstunde kurz innezuhalten und meine Aufmerksamkeit vom Außen weg, hin zu meinem inneren Erleben zu lenken. Indem ich bewusst den Kontakt meiner Füße zum Boden wahrnehme, ein- bis zweimal ein- und tief ausatme, komme ich in einen Zustand von Ruhe und Sicherheit. Meist folgt meinem kurzen „Check-up“ ein automatisches tiefes Einatmen. 	*Die Lehrkraft weiß um die Wirksamkeit von Selbstregulation und übt sich zu Unterrichtsbeginn darin, um eine gute Basis zu bilden für ein Gefühl von Sicherheit bei sich und ihren Schülerinnen und Schülern.*
Diese Vorbereitung nutze ich besonders gern, wenn ich in der dritten Klasse Mathematik unterrichte. In dieser Klasse ist Max, er ist neun Jahre alt und fällt seit der ersten Klasse durch große Unruhe auf. Er kann sich kaum auf den Unterricht konzentrieren, muss ständig aufstehen, läuft im Klassenzimmer herum, spricht dazwischen. Die ersten Schuljahre waren bisher sehr herausfordernd für alle Beteiligten, für ihn, die Mitschülerinnen und Mitschüler sowie Lehrkräfte.	*Unser Hirnstamm hat in Situationen von Stresserleben nur die drei Möglichkeiten: Kampf, Flucht oder Erstarrung. Hochaktivierte, motorisch aktive Menschen können Erfahrungen gemacht haben, in denen sie flüchten oder kämpfen wollten, es aber nicht konnten, wie zum Beispiel bei Unfällen, Operationen, Flucht, Krieg oder anderen unerwarteten Ereignissen.*
Da ich in Max' auffälligem Verhalten extreme Stresssymptome erkenne, führe ich zunächst ein Telefonat mit seinen Eltern und berichte ihnen von meinen Eindrücken. Wir vereinbaren, dass ich mit Max spreche und ihm Reaktionen, mit denen er in der Schule immer wieder auffällt, aus der Sicht der „Stressforschung“ erkläre sowie Übungen zur Selbstregulation ausprobiere. 	*Nicht selten bleibt ein Teil des Nervensystems in der Aktivierung „hängen“, der Körper versucht durch gesteigerte Bewegung eine Entlastung zu finden, was aber nicht funktioniert.*
Bei unserem ersten Treffen erkläre ich Max die Funktionsweise unseres dreiteiligen Gehirns. Max hört sehr genau und interessiert zu.	*Die Lehrkraft zeichnet Max das Gehirn (wie in → Kapitel 1 beschrieben) in drei Farben kindgerecht auf.*
Besonders die Arbeitsweise des Hirnstamms interessiert ihn sehr, er fragt nach und wird äußerst hellhörig, als er etwas von den drei Reaktionen Kampf/Flucht/Erstarrung (Fight-Flight-Freeze) unseres „Stresssystems“ hört. 	*Die englischen Begriffe „3Fs“ Fight, Flight, Freeze findet Max spannend, aber erst mit den deutschen Begriffen Kampf, Flucht, Erstarrung versteht er umfassender, was gemeint ist.*

Ein Fallbeispiel zur Co-Regulation	*Kommentar und Verweis*
Es beschäftigt ihn sehr, dass diese Reaktionen „gesunde und richtige, notwendige Antworten auf bedrohliche Situationen sind". Der Schüler wirkt leicht aufgeregt und irritiert. Er fragt nochmal nach, ob es wirklich richtig ist, so zu reagieren. Max beobachtet mich genau, als ich es freundlich nickend bestätige. Er ist ein wenig verwirrt, scheint sich selbst aber durch das Gehörte in einem anderen Licht sehen zu können. Fast erleichtert platzt es aus ihm heraus: „Ich würde auch gern öfter mal aus der Schule flüchten."	*Max lässt sich in dem Gespräch ganz auf die ihm angebotene Co-Regulation ein. Er beobachtet die Mimik und eingestimmte Zuwendung der Lehrkraft. Sein Nervensystem prüft, ob ihr Angebot für ihn sicher oder gefährlich ist. Seine erste Verwirrung deutet darauf hin, dass sein System in Bewegung kommt, etwas Neues erfährt. Es beginnt seine eigene gelingende Selbstregulation, als er erleichtert erkennt, dass er gern flüchten würde.*
Diesen Satz greife ich auf, erkenne darin einen Fluchtimpuls. Ich sage Max, dass ich ihn verstehen könne und schlage sogleich vor, kleine, ganz langsame Laufbewegungen mit den Füßen zu machen. Gleichzeitig möge er sich vorstellen langsam aus der Schule rauszulaufen, so weit, bis er sich wieder ruhiger und wohler fühle. Bei der Vorstellung schmunzelt er, läuft in Gedanken auf den Schulhof und noch weiter, bis in sein Zimmer nach Hause. 	*Indem die Lehrkraft das Verhalten des Schülers als notwendige Reaktion des Körpers ernst nimmt, erfährt der Schüler Akzeptanz und fühlt sich sicherer. Er lernt, dass sein Impuls eine Regulationsfähigkeit darstellt und die langsame Laufübung sein Nervensystem sanft weiter aus der hohen Erregung bringen kann.*
Darauf folgt ein tiefer Atemzug. Eine Woche später nehme ich als Zuhörerin in einer Unterrichtsstunde teil, die von einer Ernährungsfachkraft aus dem außerschulischen Bereich durchgeführt wird. Ich kann bei Max erste kleine Verhaltensänderungen erkennen, die auf ein ausgeglicheneres Nervensystem und eine gelingende Selbstregulation schließen lassen. 	*Mir ist bewusst, dass ein tiefer Atemzug oft eine Reaktion des Parasympathikus ist, der für Entspannung, Regeneration und Ruhe verantwortlich ist.* *Das ist ein wertvoller Wegweiser für mich, auf der richtigen Spur zu sein. Sein Nervensystem reguliert sich.*
Die Kinder lernen in dieser Unterrichtseinheit die Grundlagen einer gesunden Ernährung und sollen auch selbst kleine Gerichte zubereiten. Max spielt mit seinem Messer, dass er eigentlich noch liegen lassen sollte und schaut sich keck und erwartungsvoll in der Klasse um.	*Ich beobachte genau, wie Max seine Grenzen testet und behalte ihn im Blick. (Vgl. Grenzen setzen, → Kapitel 4.4.)*

Ein Fallbeispiel zur Co-Regulation	***Kommentar und Verweis***
Als er mich sieht, macht er unbeeindruckt weiter, schaut mich aber die ganze Zeit über an. Freundlich schaue ich ihm in die Augen, schüttele dabei aber leicht mit dem Kopf und gebe ihm ein Zeichen, das Messer wieder hinzulegen. Er zögert und bleibt im Kontakt, auch ich blicke ihn noch immer bestimmt aber freundlich und ruhig an. Gleichzeitig beginne ich mit meinen Füßen kleine, langsame Laufbewegungen zu machen. Als Max das sieht, nickt er unwillkürlich, legt das Messer ab und stimmt in die Bewegungen ein. 	*Max' Verhalten zeigt die Bereitschaft sich durch Co-Regulation unterstützen zu lassen.* *Durch die langsame „Mini-Laufbewegung" bekommt der Hirnstamm die Nachricht: „Ich schütze mich und kann vor der Gefahr flüchten." Damit kann sich das Nervensystem beruhigen.*
Mittlerweile reicht häufig nur ein Blick oder eine vereinbarte, langsame Handbewegung (bewegende Füße) für ihn als Erinnerung, und er beginnt mit seinen Mikrobewegungen, um sein Nervensystem aus dem Stressmodus zu bringen.	*Max ist auf dem Weg zu einem ausbalancierteren Nervensystem. Die neuen Erfahrungen von Sicherheit, Schutz und Kontakt kreieren mehr Ausgeglichenheit.*

Jetzt haben Sie bereits die Wirkung von Präsenz, Orientierung, Selbst- und Co-Regulation kennengelernt, bzw. die Folgen, wenn diese Komponenten fehlen. In den nächsten Kapiteln geben wir Ihnen noch weitere Möglichkeiten für Ihren Schulalltag an die Hand.

4 Weitere Strategien zur körperorientierten Stressbewältigung in der Schule

Im vierten Kapitel möchten wir Ihnen gern noch mehr Möglichkeiten der körperorientierten Stressbewältigung aufzeigen. Das bisher geschilderte Gefühl für Sicherheit, das durch Präsenz, Orientierung, Selbstregulation und Co-Regulation entsteht, kann noch verstärkt werden! Die Methoden Ressourcenbildung, Pendulation, Titration und Grenzsetzung bilden einen Rahmen, mit dem Sie und Ihre Schülerinnen und Schüler leichter durch die Woche kommen und effizienteres Arbeiten und Lernen möglich wird.[18]

Hier ein kurzer Einblick in diese weiteren Techniken, bevor wir auf jede einzelne explizit und mit Fallbeispielen in den Unterkapiteln eingehen.

Wie Sie am Anfang dieses Buches lesen konnten, ist das Basiskonzept Somatic Experiencing (SE)® ursprünglich aus der Arbeit mit Schocktrauma entstanden. Entwicklungstraumen, die oft ihre Ursachen in einer als unsicher erlebten Kindheit haben, sind als weiteres Aufgabengebiet hinzugekommen. Techniken, die sich zunächst im therapeutischen Bereich verbreitet haben, werden inzwischen in einzelnen Aspekten auch im Alltag oder unterschiedlichen Professionen verwendet. Mit diesem Buch möchten wir den Weg für körperorientierte Stressbewältigung in die Schule ebnen. Wir freuen uns, wenn die hier vorgestellten Methoden für die Arbeit mit dem Nervensystem Ihre bisher erprobten Strategien und Erfahrungen erweitern.

Wir stellen Ihnen ein Mädchen aus dem schulischen Alltag vor, um Ihnen die oben genannten Strategien näher zu bringen.

Lena kommt vor allem im Deutschunterricht immer wieder in Schwierigkeiten und es wird bei ihr schließlich in der sechsten Klasse eine Lese-Rechtschreib-Schwäche (LRS) diagnostiziert. Die Lehrkraft hat schon viel Unterstützung gegeben, das Kind besucht auch die Zusatzstunde für LRS am Nachmittag. Es verändert sich wenig bis gar nichts. „Lena hat halt LRS“, sagen die Mitschülerinnen und Mitschüler achselzuckend. Lena ist trotz ihrer LRS ein reger Teil der Klassengemeinschaft. – Dies ist wichtig im Blick zu haben, denn Kinder und Jugendliche, welche durch Besonderheiten auffallen, werden häufig aus dem sozialen Verbund ausgegrenzt (→ Kapitel 4.4).
Lena selbst akzeptiert die Befreiung vom Notendruck mit Erleichterung und Kopfnicken. Vielleicht wäre es in den Folgeschuljahren mit ihren Lese-Rechtschreib-Schwierigkeiten so weitergegangen, hätte die inzwischen neu eingesetzte Lehrkraft ihre Arbeit nicht durch das Verständnis der Wirkweisen des autonomen Nervensystems erweitert.
Die Lehrkraft beobachtete immer wieder minimal sichtbare Impulse im autonomen Nervensystem bei Lena, wie beispielsweise unruhige Augenbewegungen, ein Zittern in den Beinen oder ein nervöses Spielen mit dem Kugelschreiber. – Diese Anzeichen kann man mit etwas Übung im Klassenverband bei einzelnen Schülerinnen und Schülern bemerken.
Bald stellte sie fest, dass Lena durch den schon langen Leidensdruck kaum Zutrauen zu ihren Fähigkeiten besaß und ausschließlich auf ihre Fehler und ihrem Nicht-Können fokussiert war. Also begann die Lehrkraft zunächst mit Ressourcenbildung (→ Kapitel 4.1), indem sie Lena gezielt positive Rückmeldungen gab. Wörter, die richtig geschrieben waren, wurden gesucht und anerkannt. Die Lehrkraft lud Lena ein, das Gefühl der Freude, das dabei aufgespürt wurde, tatsächlich körperlich wahrzunehmen. Indem diese Impulse über einen längeren Zeitraum immer wieder gegeben wurden, wuchs ihr Selbstvertrauen und sie fühlte sich immer sicherer in der Rechtschreibung.

In zusätzlichen Förderstunden wurde Lena weiter unterstützt, indem auf Abläufe in ihrem Nervensystem angepasst, schrittweise, gearbeitet wurde (im Folgenden „titriert“ genannt, → Kapitel 4.3). Wichtig war dabei, dass Lena während dieses sukzessiven Vorgehens die Möglichkeit zum eigenen Nachspüren bekam, damit die schrittweisen Erfolge auch im Nervensystem verankert werden konnten.
Wenn Lena sich gestresst fühlte, erinnerte die Lehrkraft sie daran, auch ihre erlebten Erfolge im Körper zu spüren. Durch den wiederholten Wechsel zwischen den verschiedenen Körperwahrnehmungen bei Stress und Erfolg konnte Lena ihren inneren Druck zunehmend abbauen (Pendulation, → Kapitel 4.2).

Es deutet vieles darauf hin, dass Schülerinnen und Schüler konzentrierter am Unterricht teilnehmen können, wenn ihr autonomes Nervensystem in Balance ist. Einzelne Verhaltensweisen von Schülerinnen und Schülern, die auf Kampf-, Flucht- oder Erstarrungsimpulse im Nervensystem hindeuten, haben wir hier in einer Tabelle für Sie notiert.

Mögliches Verhalten bei **Kampf**impulsen	Mögliches Verhalten bei **Flucht**impulsen	Mögliches Verhalten bei **Erstarrungs**impulsen
beschuldigen, abwerten	fliehen wollen, wegrennen	Leere im Kopf haben
„gegen etwas sein“	hyperaktiv, unruhig sein	oft „ich weiß nicht“ sagen
um sich schlagen, kicken, schubsen, etwas werfen	ängstlich, panisch, verunsichert sein	tagträumend sein
Schimpfwörter nutzen, schreien	unfokussiert sein, Schwierigkeiten mit Konzentration haben	unbeweglich werden, feststecken
sich angegriffen fühlen, aggressiv/ärgerlich sein	vermeidend, ignorierend sein	depressiv, gelangweilt, hilflos, apathisch sein
sich von Gefahr angezogen fühlen	ständig mit etwas anderem beschäftigt sein	wie in einem Kokon sitzend sich fühlen

Durch das Erkennen von Kampf-, Flucht- und Erstarrungsimpulsen in den Verhaltensweisen unserer Schülerinnen und Schüler können wir Lehrkräfte den Stressreaktionen auflösend begegnen.

4.1 Ressourcenbildung – Ich erforsche, was sich gut anfühlt und verweile dort

Ressourcen sind Kraftquellen, die jeder Mensch besitzt. Wenn sie im Körper als gutes Gefühl intensiv spürbar sind, wird die Neuvernetzung von Nervenzellen gefördert. Stärkende Gedanken und ein Erleben von „ich kann“ nehmen zu. Der Mensch wird resilienter.

Für die Ressourcenbildung ist es wichtig, möglichst gut reguliert zu sein und bewusst die Kraftquellen „anzuzapfen“, die zur Verfügung stehen – äußere und innere. Gerade in Situationen, in denen aber Ressourcen fehlen, ist es notwendig, Potenzial zu entdecken oder gar neue Ressourcen im Körper zu schaffen. Es geht immer wieder darum als Lehrkraft, das Gelingende hervorzuheben.[19]

Ein Schüler im ersten Schuljahr reagiert ganz schnell mit Erstarrung, wenn er einen Fehler macht. Er wirkt dann wie abwesend und ist kaum noch ansprechbar. Aufgrund überwältigender Ereignisse in seiner frühen Kindheit hat er ein hoch aktiviertes Nervensystem. Ich schaue als Lehrkraft immer wieder zunächst auf das, was er schon kann, und bestätige ihm auch wiederholend seine Fähigkeiten. Es dauert einige Zeit, bis ihn meine Wertschätzung erreicht. Man hat den Eindruck, dass er eine Vergewisserung braucht, um sich sicher fühlen zu können und sich traut weiterzumachen. Mittlerweile versucht der Junge seine Schwierigkeiten nicht mehr zu vertuschen. Stattdessen fragt er nun um Hilfe. Immer wieder lasse ich ihn in seinen Körper hineinspüren, wie es sich anfühlt, wenn er wieder etwas Neues gelernt hat. Damit trainiert und stärkt er seine Ressourcenbildung und balanciert sein Nervensystem aus. Jedes Mal strahlt er dabei.

Wenn erkannt wird, dass etwas Gutes und Schönes im Schulalltag nicht nur für den Moment „gut und schön" ist, sondern dass konkret über angenehme Körperempfindungen unser Nervensystem „genährt" wird, kann Stress besser bewältigt werden und Schülerinnen und Schüler können beim Lernen besser unterstützt werden.

Wir unterscheiden zwischen äußeren, inneren und fehlenden Ressourcen.[20, 21]

Zu den **äußeren Ressourcen** zählen Aktivitäten, Personen, Tiere, Dinge, Orte und vieles mehr, welche helfen, mit Schwierigkeiten besser umzugehen. Sicherlich fallen Ihnen spontan einige Ressourcen ein, die Ihnen persönlich im Schulalltag weiterhelfen und vielleicht Zuversicht, Gelassenheit, Durchhaltewillen, Entschlossenheit, Selbstvertrauen, Wohlbefinden und Hoffnung in Ihnen spürbar erlebbar machen.

Beispiele für Ressourcen in der Schule sind:
- der Schulhund Roddi, der allein durch sein Schwanzwedeln und Dasein Freude bereitet
- ein Klassenraum, in dem sich alle wohlfühlen
- Bewegungsspiele beim Vokabeltraining
- ein gut geplanter und zuverlässiger Stundenplan
- eine brauchbare Küche für die Pause im Lehrerzimmer
- kollegiales Miteinander
- passendes und ansprechendes Arbeitsmaterial
- ein technikbegeisterter oder märchenerzählender Opa, eine zugewandte Tante aber auch eine schülerorientierte Lehrkraft kann neben vielen anderen verbundenen Menschen eine äußere Ressource für Schülerinnen und Schüler sein

Übung:

Hier können Sie Ihre äußeren Ressourcen notieren, die Sie in Ihrer Umgebung erkennen und die für Sie selbst und Ihre Schülerinnen und Schüler hilfreich sind:

Sowohl äußere als auch innere Ressourcen können im Körper direkt gespürt werden. Verschiedene Potenziale, wie Stärke, Ausdauer, Intelligenz, Kreativität, Talente, Fertigkeiten, Fähigkeiten, Flexibilität und andere bringen unsere Schülerinnen und Schüler mit. Werden diese nicht nur selbstverständlich hingenommen oder ausgeübt, sondern wird immer mal wieder innegehalten und bewusst im Körper erspürt, wie sich die eigenen Kraftquellen anfühlen, können Ressourcen wachsen.

An dieser Stelle möchten wir ein Beispiel anführen, wie das Schreibenlernen mit der Körperwahrnehmung verknüpft werden kann:

Wird ein Schüler oder eine Schülerin beim Stifthalten durch Hinschauen und Spüren darauf aufmerksam gemacht, an welchen Stellen der Stift aufliegt, bei welcher Haltung der Stift locker, aber sicher in der Hand liegt, so ist dabei die Körperwahrnehmung beteiligt. Die Lehrkraft kann das Kind direkt ansprechen: „Ist deine Hand eher locker oder eher etwas verkrampft? Woher kommt der Druck? Kommt er aus deiner Hand oder vielleicht aus deinem Arm?“

Sie werden sehen, das Kind kommt in Kontakt mit seinem Körper (mit seiner Hand und dem Arm). Ein spielerischer Umgang und das Beobachten von dem, was **ich kann**, führt zu einem ressourcenorientierten Erleben. Innere Ressourcen und Potenziale werden durch Verknüpfungen der Nervenzellen gebildet.

Der Umgang mit stressigen Situationen wird einfacher, wenn ich meine Ressourcen kenne, um damit mein Nervensystem zu beruhigen. In jedem Moment ist es möglich den Blickwinkel auf eine Situation oder Gegebenheit zu verändern. So kann man jederzeit auf seine Stärken und das Gelingende achten. Wir haben immer die Wahlmöglichkeit entweder auf den Mangel oder auf die Ressource zu schauen. Durch das folgende Erlebnis einer Lehrerin zu dem Thema Ressourcen möchten wir Ihnen dies veranschaulichen.

Als ich eine siebte Klasse mit einem Deutsch-Lehrauftrag übernommen hatte, fiel ich nach dem ersten Diktat aus allen Wolken, als ein Schüler es mir mit über vierzig Fehlern abgab. Ich war beim Korrigieren und plötzlich hielt ich inne. Ich konnte hier nicht alle Fehler anstreichen. Als Schülerin habe ich Hefte und Aufsätze oder Arbeiten, in denen viel rot angestrichen war, nicht mehr gelesen, weil es viel zu schambehaftet war.
Also nahm ich einen grünen Stift und unterstrich alle richtig geschriebenen Wörter. Es waren mehr als die vierzig falschen. Bei der Rückgabe habe ich mit dem Schüler gemeinsam das Diktat angeschaut und ihm gesagt: „Wir schauen jetzt nicht auf die Fehler, sondern auf alles, was du schon kannst.“ Damit war das Eis gebrochen, sodass er bereit war ernsthaft und motiviert auch die Fehler anzuschauen.
Der Schüler wählte sich dann wöchentlich zehn Wörter, die nicht richtig geschrieben waren und übte diese. Der Fokus lag immer auf dem, was gelang, was schon richtig war und wie dies sich im Körper anfühlte. Er lernte daraus, dass damit verbundene Körpergefühl als Ressource zu kultivieren.
Im Laufe der nächsten drei Jahre konnte er sich mit seinen inneren Ressourcen wie zum Beispiel Ausdauer, Fleiß und hoher Frustrationstoleranz auf eine Fehlerzahl von „nur“ zwölf bis fünfzehn hocharbeiten. Ein riesiger Erfolg für ihn. Damit konnte er leben, weil er wusste, dass er sich unheimlich angestrengt hatte.
Was den Jungen auch sehr motivierte, war, dass ich ihm die persönliche Geschichte eines Schulrates erzählte. Dieser konnte aufgrund eines Erlasses trotz LRS aufs Gymnasium, durchlief dieses tatsächlich und hatte später im Beruf für seine schriftlichen Aufgaben eine Sekretärin.

Übung:

Hier können Sie einige Ihrer eigenen inneren Ressourcen notieren. – „In schwierigen Situationen kann ich ...“:

Der nun noch zu behandelnde Komplex der **fehlenden Ressourcen** ist vielschichtig. Wenn Kraftquellen nicht vorhanden sind, nicht zur Verfügung stehen, verschüttet oder nicht auffindbar sind, so fehlt in der jeweiligen Situation ein wohltuendes Körpergefühl. Bei einem hohen Stresslevel oder einer traumatischen Ursache stehen oft nur ungenügend Ressourcen zur Verfügung. Ein Mensch ist vielleicht im Normalfall kreativ, entscheidungskräftig und voller Hoffnung. Bei einem Unfall, einer Operation, Kriegsgeschehen oder auch einem sonstigen Erleben, wo weder Flucht noch Kampf möglich ist, kann das autonome Nervensystem in einen derart hoch aktivierten Zustand geraten, dass es in Erstarrung versetzt wird. Der hintere Vaguszweig im parasympathischen Teil des autonomen Nervensystems wird aktiv. „Starr vor Schreck sein“, „zur Salzsäule erstarren“, „wie das Kaninchen vor der Schlange“, „gelähmt vor Angst“, „schreckensstarr“ sind Begriffe, die solch einen Zustand charakterisieren. In diesem Zustand ist es dem Menschen nicht möglich, sich kreativ und flexibel zu verhalten. Im Schulalltag begegnen uns immer wieder Schülerinnen und Schüler, die wie abwesend wirken und lethargisch vor sich hinstarren. Es ist möglich, dass sie mit ihrem Nervensystem auf überwältigende Erfahrungen reagieren.

Während Tiere nach einer überstandenen lebensbedrohlichen Situation die Erstarrung abschütteln, trägt der Mensch in gewissem Maße die Erstarrung weiter mit sich, auch wenn dies vielleicht nur in manchen Situationen zutage tritt.

Fehlt eine äußere Ressource, so ist zu überlegen, wie diese hergestellt und beschafft werden könnte. Was braucht die Schülerin oder der Schüler als äußere Ressource, um eine Lernblockade zu lösen oder seine Konzentration zu steigern? Was braucht die Lehrkraft, um eine Unterrichtsstörung leichter zu beheben?

- eine Klangschale oder Glocke als Ruhezeichen
- eine feste Vereinbarung zwischen der Lehrkraft und den Schülerinnen und Schülern
- ein Trainingsprogramm zur Verbesserung der Leserechtschreibschwäche
- ein funktionierendes Modell von abwechselnden Arbeits- und Pausenphasen

Sie als Lehrkraft verfügen sicherlich über verschiedene Werkzeuge und haben Ideen, wie diese beschafft werden könnten.

Eine fehlende Ressource kann zur gegebenen Zeit aufgefüllt werden. Eine äußere Ressource kann mit den nötigen Mitteln beschafft, eine innere Ressource kann gebildet werden. Fehlende Ressourcen in traumatischen Situationen können in einer Therapie erarbeitet werden. Konzentration kann durch wiederholendes Ressourcentraining gesteigert werden. Schaffe ich es, mich eine halbe Minute zu konzentrieren, so ist der Weg zu einer Minute nicht mehr so weit, von dort zu fünf, zehn, zwanzig. Wenn wir all unsere Sinne und unser Spüren miteinbeziehen, können wir unsere Ressourcen gezielt nutzen.

Im Folgenden möchten wir Ihnen zwei Körperübungen präsentieren, die hilfreich sind, um ressourcenorientiert durch den Schulalltag zu kommen.[22]

 **Übung:**

1. Orientieren
Gönnen Sie sich eine kurze Erholung für Ihre Augen und schauen Sie sich langsam um. Nehmen Sie Formen und Farben um sich herum wahr und lassen Sie Ihren Blick auf etwas Angenehmen oder Wohltuendem ruhen.

2. Verbindung aufnehmen
Nehmen Sie Kontakt zu Ihrem Nachbarn auf und unterhalten Sie sich drei, vier Minuten über Dies und Das. Genießen Sie diese Zeit des Austauschs. Der ventrale Vagus wird dabei angeregt und das Gefühl von sozialer Verbundenheit kann wachsen.

Beim Lesen der beiden folgenden Fallbeispiele halten Sie zur vertiefenden Körperwahrnehmung immer mal wieder inne und spüren nach, was sich gerade in Ihrem Körper zeigt. Es geht um das Wahrnehmen und Begreifen von Prozessen im autonomen Nervensystem, die über den Spürsinn fassbar und sogar beeinflussbar sind.

Ein Fallbeispiel zur Ressourcenbildung	***Kommentar und Verweis***
Als Förderschullehrerin hospitiere ich heute im Fach Mathematik einer mir bislang unbekannten siebten Klasse in der Regelschule. Ich sitze hinten im Raum an der Wand, von wo aus ich einen guten Überblick über das Unterrichtsgeschehen habe.	*Um erfolgreich zu hospitieren, orientiere ich mich im Raum und gehe in Selbstregulation, um möglichst viel wahrnehmen und beobachten zu können (vgl. Selbstregulation, → Kapitel 3.3)*
Während einer Arbeitsphase in Einzelarbeit werden die Fenster für mehrere Minuten komplett geöffnet, um zu lüften. Mit dem Luftaustausch sinkt die Temperatur im gesamten Klassenraum.	*Die Temperatur fällt unter den Wohlfühlbereich. Ich verschränke meine Arme, um mich zu wärmen.*
Interessiert beobachte ich den Schüler, für den ich in diese Klasse gerufen wurde. Dieser beginnt ruhig, seine Jacke, die auf seinem Stuhl hängt, überzustreifen und den Reißverschluss komplett bis zum Hals zuzuziehen. Als nächstes folgt die Mütze, die er über den Kopf zieht. Über die Mütze streift er die Kapuze seiner Jacke. Mit der rechten Hand schlüpft er in seinen Handschuh. Die linke Hand lässt er allerdings zum Stifthalten und Weiterschreiben frei.	*Der Schüler versucht störungsfrei seinem Wärmebedürfnis nachzukommen und selbstbestimmt für sein inneres Gleichgewicht zu sorgen. Gleichzeitig erfüllt er seine ihm aufgetragenen Aufgaben. Es zeugt von Selbstkompetenz und Zugang zu seinen Ressourcen.*
So eingepackt arbeitet er konzentriert an seinem Arbeitsblatt weiter. Inzwischen sind die Fenster schon wieder geschlossen. Einen Moment später wird die Klassenlehrerin auf den eingemummelten Schüler aufmerksam und geht zu ihm an seinen Arbeitsplatz. Leise fragt sie ihn, ob er die ganze Kleidung jetzt brauche, was der Schüler bejaht. Mit einem „In Ordnung“, lässt sie ihn weiter seine Aufgaben machen.	*Durch das ressourcenorientierte Verhalten der Lehrerin wird der Schüler in seiner Selbstwirksamkeit bestärkt.*

Ein Fallbeispiel zur Ressourcenbildung	***Kommentar und Verweis***
Nach circa fünf Minuten nimmt der Schüler wortlos erst die Kapuze, dann die Mütze vom Kopf und legt sie neben sich auf seinen Rucksack. Wenige Minuten später öffnet er den Reißverschluss seiner Jacke, um auch diese dann wieder auszuziehen und auf seine Stuhllehne zurückzuhängen. Alles geschieht in Ruhe und ohne Aufsehen zu erregen.	*Er hat Kontakt zu seinen Bedürfnissen und kann sie sozialverträglich bedienen und sich dadurch regulieren.*
Am Ende der Stunde gibt er sichtlich zufrieden seine komplett ausgefüllten Arbeitsblätter bei der Lehrerin ab und geht mit seiner wärmenden Jacke in die Hofpause.	*Da die Lehrerin den Wert erkannt hat, als er sich ressourcenbildend einmummelte, kann er nun selbstwirksam gestärkt in die Pause gehen.*
Spannend ist die Tatsache, dass mir dieser Schüler im Vorfeld als häufig in Konflikte verwickelt und zu Wutausbrüchen neigend, beschrieben wurde. In der heutigen Situation gelang es ihm, ein Bedürfnis zu spüren, angemessen und störungsfrei darauf zu reagieren und gleichzeitig seinen Arbeitsauftrag zu beenden.	

Ein weiteres Fallbeispiel zur Ressourcenbildung	***Kommentar und Verweis***
Die sechsjährige Viktoriya hat ihr Zuhause verlassen müssen. Sie ist mit ihrer Mutter vor dem Krieg in der Ukraine geflohen und gerade in einer deutschen Stadt angekommen.	*Krieg ist oft traumatisierend für Menschen. Auch nach der Ankunft an einem sicheren neuen Ort kann das autonome Nervensystem noch in Aufruhr sein.*
Das Mädchen wird von den Kindern, die zusammen Deutsch im Vorlaufkurs lernen, warmherzig aufgenommen. Sie machen Viktoriya sogleich einen Platz frei am großen Tisch. Ich rede freundlich mit ihr, das Mädchen schaut aber sofort zur Seite und verdreht die Augen nach oben. Dieser Impuls verrät mir, dass Viktoriya erstmal nicht weiter angesprochen werden mag. Auch im Verlauf der Stunde, als die Kinder zunächst gemeinsam frühstücken, ist sie scheu und wird immer mal wieder blass. Die Kinder lassen sie in Ruhe und sprechen nicht mit ihr, obwohl sie einige Fragen haben. Wir unterhalten uns in der Tischgemeinschaft, während Viktoriya zuschaut. Ich nicke ihr immer mal wieder freundlich zu und freue mich, wie sie ihre Trinkflasche auspackt und einen Schluck nimmt.	*Viktoriyas Körperreaktionen zeigen, dass sich ihr autonomes Nervensystem noch im Fluchtmodus befindet. Über die äußeren Ressourcen – wie zum Beispiel ihre Beobachtung der anderen Kinder, die freundliche, wohlwollende Atmosphäre im Raum – kann sie etwas entspannen, packt schließlich ihre Trinkflasche aus und nimmt einen Schluck. Ein Zeichen, dass sie ein Stückchen aus dem Fluchtmodus herauskommt und ihr Nervensystem sich erholt.*

Ein weiteres Fallbeispiel zur Ressourcenbildung	***Kommentar und Verweis***
Anschließend lege ich für alle verschiedenste Ausmalbilder mit Frühlingsmotiven, Baustellenfahrzeugen und Labyrinthen auf einem anderen Tisch aus. Die Kinder stehen neugierig auf und suchen sich jeweils ein Bild aus. Auch Viktoriya steht auf und stellt sich nahe an die Bilder heran. Ihre Augen schweifen über das vielseitige Angebot. An einem Frühlingsbild mit großen Blumen bleibt ihr Blick hängen. Sie schaut mich fragend an. Ich nicke und sage „Ja!“, schaue sie dabei warmherzig an. Blitzschnell greift sie nach dem Blatt und setzt sich sofort an ihren Platz, holt schnell Buntstifte aus ihrem Rucksack und beginnt sehr konzentriert das Bild farbig auszumalen. Die anderen Kinder malen auch. Als aber von draußen sehr lauter Lärm von den Baufahrzeugen entsteht – auf dem Hof wird Schutt von einem abgerissenen alten Gebäude weggetragen – stehen sie zwischendurch immer mal wieder auf, um aus dem Fenster hinunterzuschauen und miteinander zu reden. Viktoriya sitzt und malt konzentriert weiter. 	*Viktoriya sucht ihr Bild ressourcenorientiert aus – es ist ein lebensfrohes Frühlingsbild. Nach genauer Prüfung greift sie ihr Bild blitzschnell vom Tisch, was der Lehrkraft spiegelt, dass ihr sympathisches Nervensystem (hoch) aktiviert ist. Ihre Buntstifte deuten auf eine sorgfältige Vorbereitung auf den Kurs und äußere Ressourcen hin. Das Kind konzentriert sich ganz auf das Ausmalen und lässt sich durch die Baustellengeräusche nicht ablenken. Es ist an dieser Stelle sehr wichtig für die Lehrkraft, weiter nach Viktoriya zu schauen und gegebenenfalls mit ihr die Baustelle am Fenster zu betrachten, um ihr Nervensystem zu beruhigen und den Lärm nicht mit Kriegshandlungen zu verwechseln. Sie ist aber so stark mit ihrer äußeren Ressource – dem Malen – verbunden, dass dieser mögliche Fall nicht eintritt.*
Während sich die Jungs aus der Gruppe unter einem Tisch verstecken, sich dort unterhalten und zwei der Mädchen miteinander ein Bilderbuch anschauen, sitzt Viktoriya weiter am Tisch und malt ihr Bild zu Ende. Sie steht auf und umrundet den langen Tisch, um zu mir zu gelangen.  Sichtlich stolz zeigt sie ihr Bild. Es ist komplett angemalt, blau ist die dominante Farbe. Ich zeige auf eine blaue Blume und sage: „Die Blume ist blau.“ Dann zeige ich auf eine andere und sage: „Die Blume ist gelb“, „Die Blume ist rot“ und dann wieder „Die Blume ist blau.“ – Viktoriya wiederholt aufmerksam „blau“. Motiviert durch ihre Reaktion möchte ich ihr gern auch die Wörter gelb und rot beibringen, aber Viktoriya schüttelt den Kopf und sagt: „blau“. – Ich spüre, dass die Farbe Blau ihr etwas zu bedeuten scheint und weiß aus der Farbenlehre um die beruhigende Wirkung von Blau. Ich frage berührt: „Magst du blau?“ Das Mädchen nickt, ihre Augen schauen wach und die Gesichtsfarbe wird rosig. Sie freut sich und sagt: „Blau!“ Jetzt nimmt sie ihr Bild und setzt sich wieder an den Tisch. Dann schaut sie sich im Raum um und beobachtet in Ruhe und neugierig die anderen Kinder.	*Viktoriya weiß genau, wenn ihr etwas zu viel ist – wie zum Beispiel das Lernen von mehreren Farben gleichzeitig. Sie bleibt im angenehmen Gefühl und lässt sich davon leiten. Dadurch können sich im autonomen Nervensystem neue Ressourcen bilden, die ihr später ermöglichen, Schritt für Schritt sich immer mehr neugierig der Gruppe zu öffnen.* *Viktoriyas Auswahl von Farben ist nicht willkürlich. Sie hat eine Bedeutung, die es zu entschlüsseln gilt.*

Ein weiteres Fallbeispiel zur Ressourcenbildung	*Kommentar und Verweis*
Es folgen noch einige Bewegungen im Raum, an denen auch Viktoriya offen und gern teilnimmt. In den Folgetagen setzen wir das Ritual fort: am Anfang können die Kinder Ausmalbilder aussuchen, bevor sie dann in weitere Sprechanlässe und Sprachförderspiele eingebunden werden. Viktoriya sucht sich stets die fröhlichsten Bilder aus und malt diese mit kräftigen Farben ohne Pause an. Zu Blau kommen sprachlich Rot und Gelb dazu, später Grün. Schon bald bekommen die anderen Kinder mit, wie gut das Mädchen ausmalt und wollen ihr nacheifern. Viktoriya nimmt dies mit freudigem Stolz zur Kenntnis. Beim Abholen erzählt sie in diesen Anfangstagen ihrer Mutter immer zuerst vom Ausmalen und strahlt dabei. Die Mutter bedankt sich bei mir mit „Danke!“, wobei sie ansonsten Englisch spricht.	*Ressourcenorientierte Arbeit ist auch in den Folgestunden sehr wichtig. Je mehr und je öfter Viktoriya bei dem verweilt, was sich für sie gut anfühlt, wird ihr Nervensystem gestärkt. Die Arbeit an der Ressourcenbildung und Ressourcenerweiterung ist vonnöten, um dem gewaltigen Leid des Krieges in ihrem autonomen Nervensystem etwas entgegensetzen zu können. Wenn die Mutter sich bei der Lehrkraft bedankt, ist dies ein Zeichen, dass die Mutter erkennt, wie gut es ihrer Tochter im Kurs geht. Das gute Gefühl gilt es bei der Mutter zu würdigen, damit auch ihre Ressourcenbildung wieder zunehmen kann.*

4.2 Pendulation – Es entsteht ein Rhythmus zwischen gegensätzlichen Körperempfindungen

Bei der **Pendulation** geht es um ein natürliches Hin- und Herwechseln zwischen einem angenehmen und einem eher unangenehmen Körperempfinden. Dies kann gezielt genutzt werden, um einen festgefahrenen Zustand im Menschen zu lösen.

Wie sehr Ressourcen einen positiven Einfluss auf Lerneffizienz und Wohlbefinden haben, wurde im letzten Kapitel beschrieben. Zusätzlich stellen sie auch das Fundament für die körperorientierte Methode der Pendulation dar. Der englische Fachbegriff wird genutzt, um pendelndes Hin- und Herwechseln zwischen gegensätzlichen Körperwahrnehmungen zu beschreiben.

Die rein körperlichen Wahrnehmungen sind, wie bereits geschildert, mit dem Hirnstamm verbunden und können sowohl angenehm als auch unangenehm sein. Angenehme Körperempfindungen sind beispielsweise Wärme oder Entspannung, wohingegen Kälte und Spannung in der Regel als unangenehm beschrieben werden. In diesem Kapitel binden wir zum ersten Mal näher unangenehme Körperempfindungen mit in die Arbeit zur Stressbewältigung in der Schule mit ein.

Entwicklungsgeschichtlich war und ist es für unser Überleben entscheidender, unangenehme oder gefährliche Situationen zu erkennen und abzuschätzen als uns auf Wohlfühlmomente zu konzentrieren. Daher spüren wir unseren Körper oft erst, wenn er irgendwo zwickt oder schmerzt. Manchmal geraten wir dadurch regelrecht in eine Art Spirale – zum Beispiel ein schnell schlagendes Herz kann zu Angst führen, Angst führt zu Herzrasen und kann sich letztendlich bis zur Panik steigern. Um negative Empfindungen auszugleichen, ist es notwendig, dass wir uns um ein Wesentliches länger mit etwas Angenehmen beschäftigen oder jedenfalls gedanklich dort verweilen.

Wir Menschen haben natürliche Rhythmen, die uns innewohnen, wie Einatmen und Ausatmen, Ruhe und Aktivität, hungrig und satt sein. Werden diese natürlichen Rhythmen unterbrochen durch einen (länger andauernden) hohen Stresspegel, so kann diese natürliche Fähigkeit beeinträchtigt werden. Hier setzt die Methode der Pendulation an. Mit ihrer Hilfe kann ein natürlicher Rhythmus wiederhergestellt werden.

 **Übung:**

Lassen Sie uns einen kleinen Ausflug in den Körper unternehmen, ihn mit freundlicher Aufmerksamkeit scannen, um dann an einem Bereich, der sich im Moment angenehm anfühlt, zu verweilen. Was nehmen Sie wahr? Vielleicht Wärme, Entspannung, Weite, angenehmes Kribbeln, Weichheit? Verweilen Sie einen kurzen Moment bei dieser Körperstelle. Verändert sich Ihre Atmung, der Herzschlag oder eine andere Körperwahrnehmung?

Gewöhnlicher Weise können wir nicht allzu lange oder ausdauernd mit der Aufmerksamkeit an dieser Stelle verweilen, sondern merken auf einmal, dass vielleicht unangenehme Körperempfindungen, Gedanken oder Gefühle in den Fokus rücken. Diese können im Körper gleichzeitig da sein und sind auch willkommen.

Wir laden Sie nun ein, in Ihrem Körper dieses „Unangenehme" mit nur einem kurzen freundlichen Seitenblick anzuschauen, so, als würden Sie daran vorbeigehen und es kurz streifen. – Lenken Sie dann Ihre Aufmerksamkeit wieder zurück auf das, was Sie vorher als angenehm empfunden haben, so lange, wie Sie es als wohltuend wahrnehmen oder bis der unangenehme Bereich Ihre Aufmerksamkeit wieder auf sich zieht. Auf diese Weise können Sie nun einige Male zwischen dem „Angenehmen" und „Unangenehmen" hin- und herpendeln. Sie können anhand Ihres Felt Sense auf körpereigene Anzeichen von Entspannung, wie vertieftes Atmen, leichte Müdigkeit, u. a. achten.

Sollte uns eine unangenehme Körperempfindung aber auch ein Gefühl wie Aufregung, Angst oder Wut aus dem Gleichgewicht bringen, können wir, wie oben beschrieben, eine Pendulation selbst in Gang bringen und damit bewusst gegensteuern.

Wenn wir keinen guten Ort im eigenen Körper finden können, ist eine weitere bewährte Möglichkeit, nach einer neutralen Körperempfindung zu suchen. Das heißt, wir scannen durch unseren Körper, um einen Bereich zu finden, der sich neutral oder weniger unangenehm anfühlt. Auch von diesem neutralen Ort aus, können wir uns der unangenehmen Körperempfindung zuwenden und so einige Male hin- und herpendeln, bis wir wieder auf der Gefühlswelle reiten, statt von ihr überspült zu werden.

Vielleicht fragen Sie sich, wie Sie als Lehrkraft die Pendulationsmethode einsetzen können. Die folgende Übung gibt eine praktische Hilfe zur Veranschaulichung.

 **Übung:**

Wir möchten Sie gern anregen, zu beobachten, wieweit Schülerinnen und Schüler mit dem Nachspüren von Körperempfindungen vertraut sind. Wenn Ihnen auffällt, dass Schülerinnen und Schüler Schwierigkeiten haben diese zu spüren, dann können Sie sie auf vielfältige Art unterstützen. Sie können sie aufmuntern, sich im Außen einen Gegenstand zu suchen, der ihnen gefällt, sie anspricht, den sie mögen. Dies könnte vielleicht ein schönes Plakat im Klassenzimmer, eine Blume auf der Fensterbank oder ein Baum draußen vor dem Fenster sein. Wenn die Schülerinnen und Schüler sich entschieden haben, laden Sie sie ein, in sich wahrzunehmen, was das Anschauen dieses Gegenstandes (oder dieser Pflanze) in ihnen verursacht. Spürt es sich warm an, weit oder freudig ...? Lassen Sie sich die Erfahrungen genau beschreiben und unterstützen Sie Ihre Schülerinnen und Schüler in diesem Erleben. Im Anschluss daran kann dann kurz eine Körperstelle wahrgenommen werden, die sich neutral oder vielleicht etwas unangenehmer anfühlt. Nun kann auch hier ein kurzes Pendeln zwischen angenehm und eher unangenehm erforscht werden.

Das Fallbeispiel zeigt Ihnen, wie die Pendulation in einer Prüfungssituation eingesetzt werden kann. Aber auch in jeder anderen Situation, in der Schülerinnen und Schüler sich gestresst und aufgeregt erleben, kann ihnen diese Körper-Spür-Übung angeboten werden.

Ein Fallbeispiel zur Pendulation	***Kommentar und Verweis***
Zu folgender Situation kam es in der mündlichen Prüfung im Fach Englisch: An Prüfungstagen ist generell der Stresslevel bei allen Beteiligten hoch, so auch bei mir als Lehrkraft. Während die letzten Handgriffe gemacht werden, letzte Pläne durchgeschaut werden, spüre ich meine persönliche Aufregung im Bauchraum – ein Flattern. Ganz bewusst suche ich einen ruhigen Ort in meinem Körper und lenke meine Aufmerksamkeit dorthin. Meine Schultern und mein Rücken fühlen sich stabil an, geradezu weit, kräftig und stark. Langsam pendle ich zwischen der Aufregung und der Stabilität hin und her – dies kann ich machen, während ich weiter meine Papiere sortiere, oder ich nehme mir ganz bewusst einige Momente Zeit dafür. Ich kann spüren, wie die Aufregung bei mir nachlässt und wieder mehr Ruhe einkehrt.	*Die Lehrkraft nutzt die Pendulation zur Selbstregulation (vgl. → Kapitel 3.3).*
Etwas später am Vormittag kommt ein Schüler, David, zur Prüfung. Er sieht sehr aufgeregt aus, seine Atmung ist flach und er kann kaum „da und präsent" sein. Es ist deutlich, dass in diesem Zustand eine Prüfung für ihn schwer durchzuführen sein wird.	*Die Lehrkraft erkennt mit ihrem geschulten Blick, wie sehr das Nervensystem des Schülers erregt ist.*
Ich spreche David ruhig und klar an und bitte ihn, erst einmal Platz zu nehmen. Mit einfachen Worten frage ich ihn, wie es ihm geht, da ich seinen Stress sehen kann. David schaut mich mit großen Augen an, Tränen sind zu sehen. Er äußert sich, dass er Angst hat, „voll zu versagen", weil er „immer versagt".	*Die Lehrkraft bietet dem Schüler Co-Regulation an (vgl. → Kapitel 3.4).*
Ich bemerke bei mir selbst, dass der Druck wieder steigt und pendle bewusst zu einem ruhigen Ort in mir, den ich spüren kann. Zeitgleich bitte ich David sich bewusst zu werden, wo er die Aufregung spüren kann und wie sie sich zeigt. David zeigt auf seinen Bauchraum und beschreibt ein Flattern und Ziehen. Ich frage ihn, ob es denn einen Bereich gibt, der sich ruhiger oder auch einfach ok anfühlt.	*Durch Selbst- und Co-Regulation bewegt sich die Lehrkraft auf einen ruhigeren Zustand im Nervensystem zu.*
Es braucht einige Momente, aber David beschreibt dann, seine Beine und Füße wären ganz ok. Ich bitte David, seine Aufmerksamkeit auf diesen Bereich, der ok sei, zu lenken. Gleichzeitig bin ich mit meiner Aufmerksamkeit auch bei mir in einem Bereich, der sich gut anfühlt.	*Der Fokus auf der Ressource ist wichtig, um sich für die Pendulation vorzubereiten.*
Bei David ist eine erste Veränderung zu bemerken, obwohl nur wenige Sekunden vergangen sind. Sein Atem wird tiefer. Ich bitte ihn nun, zwischen der Aufregung im Bauchraum und den sich stabil anfühlenden Beinen hin- und herzupendeln, wie das Pendel einer alten Uhr hin und her schwingt.	*Hier beginnt die Pendulation zwischen der Ressource (vgl. → Kapitel 4.1) und dem Unangenehmen.*

Ein Fallbeispiel zur Pendulation	***Kommentar und Verweis***
David lässt sich auf die Übung ein und macht sie im Stillen. Er scheint überrascht zu sein. Sein Kommentar hierzu ist: „Krass, ich bin gar nicht mehr so aufgeregt." Ich gebe David noch einige Momente Zeit und frage ihn dann, ob er sich jetzt für die mündliche Prüfung bereit fühlt. David scheint wesentlich stabiler und gefestigter da zu sein und kann die Prüfung mit ruhiger Stimme beginnen.	*Das autonome Nervensystem beginnt sich zu balancieren. Wichtig ist, Zeit zu geben, damit sich das Nervensystem regulieren kann.*
Vom Eintreffen des Schülers, bis zu Beginn der Prüfung sind nur wenige Minuten vergangen, die kurze Zeitspanne hat aber für den Schüler einen enormen Unterschied gemacht.	
Einige Tage nach der Prüfung und der Übung ruft David mir im Vorbeigehen zu: „Das war echt krass, was Sie da gemacht haben." Er ist völlig entspannt und ausgelassen.	

4.3 Titration – Auf die Dosierung kommt es an

Titration bezeichnet – in Anlehnung an einen Begriff aus der Chemie – einen dosierten Umgang mit Aktivierung im Nervensystem. Bei der Auflösung von (traumatischem) Stress ist es wichtig allmählich, schrittweise und individuell abgestimmt (also „titriert") vorzugehen, um Gefühle der Überwältigung zu vermeiden.

Bei der Arbeit mit hoher Aktivierung im autonomen Nervensystem ist es wichtig titriert zu arbeiten. Schritt für Schritt, mit intelligenter Dosierung, können zum Beispiel Lernblockaden aufgelöst werden. Auch können wir Tag für Tag zusammen mit unseren Schülerinnen und Schülern wertschätzend an der Behebung von Unterrichtsstörungen arbeiten. Nach und nach können diese ihre Konzentration ein wenig mehr steigern. Alles auf einmal und sofort zu erwarten, würde keinen Erfolg haben. Dadurch könnte die Aktivierung sich noch mehr verstärken und dabei das autonome Nervensystem der Schülerinnen und Schüler überwältigen. Es ist also essenziell, schnell genug und nicht zu schnell vorzugehen.

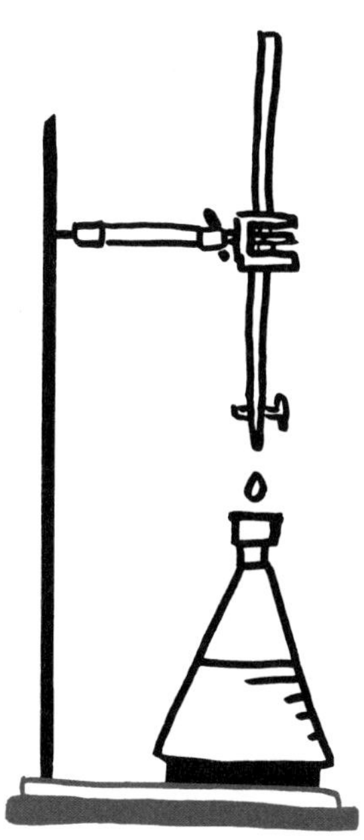

Der Begriff Titration kommt aus dem Bereich der Chemie. Die tropfenweise Dosierung ist dort manchmal notwendig, zum Beispiel beim Zusammenführen von einer Säure und einer Base. Würde man nämlich die Base mit der Säure einfach zusammengießen, käme es zu einer heftigen Explosion. Gibt man stattdessen die Base mit einer Bürette tropfenweise in die Säure, so neutralisieren sich die beiden Substanzen, und die Reaktion findet nur sehr gering und ganz ohne Explosion statt.

Zu viel, zu schnell, zu heftig – das kennen wir Lehrkräfte aus unserem Alltag. Schülerinnen und Schüler, die sich auf dem Pausenhof treten oder schlagen, sind aufgebracht und es kann sogar zu Verletzungen kommen. Knuffen sie sich jedoch freundschaftlich und rangeln spielerisch, so steigt ihr Wohlbefinden – sie bleiben miteinander in gutem Körperkontakt und können ihre Pause spielerisch genießen.

Ein titriertes Vorgehen im Schulalltag kennen Sie zum Beispiel, ...

- wenn ein Schüler oder eine Schülerin überschwänglich, in sehr hohem Tempo und in überstürzenden Worten, haspelnd und voller Emotion von einem besonderen Erlebnis erzählt. Als Zuhörer kann man dies kaum aufnehmen. Reagieren Sie als Lehrkraft unterstützend und bieten die Möglichkeit zur Verlangsamung an, kann mit mehr Ruhe und Deutlichkeit erzählt werden und dadurch mehr verstanden und Anteil genommen werden.

- wenn eine Lehrkraft ein neues Thema zu umfangreich und schnell einführt, während sie nicht darauf achtet, ob die Klasse gedanklich mitkommt. Es wird wahrscheinlich zu Stressreaktionen, wie „Angriff", „Flucht" oder „Erstarrung" in Form von Unmut, Aufgeben oder Abtauchen kommen. In Kontakt mit sich selbst und den Schülerinnen und Schülern kann es leichter Schritt für Schritt in Richtung gelingendes Verstehen und Lernen gehen.

Das titrierte Vorgehen, das wir Ihnen in diesem Kapitel vorstellen, geht noch einen Schritt weiter. Die Dosierung, von der in der körperorientierten Stressbewältigung die Rede ist, bezieht sich auf den Aufregungslevel im autonomen Nervensystem. Mit diesem wollen wir dosiert, also titriert, arbeiten, damit das Nervensystem nicht zu viel Aktivierung erfährt. Wie Sie bereits im Buch erfahren haben, können zum Beispiel Konzentrationsprobleme und Unterrichtsstörungen sowie Lernblockaden Folgen von zu hoher Aktivierung sein.

Zu bedenken gilt, dass auch Freude im Übermaß die Aufregung im Nervensystem steigern und sogar zur Überwältigung führen kann. Die Dosierung, von der wir in diesem Kapitel sprechen, bezieht sich also auf unangenehme sowie angenehme Erlebnisse. Der (traumatische) Stress liegt – wie wir bereits wissen – nicht im Ereignis, sondern im Nervensystem.

Bedenkt man dies, kann man verstehen, wie manche Schülerinnen und Schüler am eigenen Geburtstag vor lauter Aufregung nicht gut eine Klassenarbeit schreiben können oder vielleicht an einem wichtigen zelebrierten religiösen Feiertag, an dem Schule stattfindet, das Schreiben eines Vokabeltests schwerer fällt als sonst.

Mit der Methode der Titration kann an der Aktivierung im Nervensystem gearbeitet werden. Fangen wir also an, die Titrations-Methode näher zu verstehen.

★ **Übung:**

Dafür laden wir Sie ein, zunächst dem eigenen Aktivierungslevel ein wenig zu begegnen. Wo befinden Sie sich auf einer Skala von 0 (geringe Aktivierung) bis 10 (hohe Aktivierung), wenn Sie an eine schöne Blume, ein leckeres Essen oder eine wohltuende Gesellschaft denken?

Tragen Sie gern hier Ihre Ziffer ein: ________ Wie fühlen Sie sich damit, und was nehmen Sie vielleicht als Körperempfinden wahr?

Machen Sie sich hier eine kurze Notiz:

____

____

Stellen Sie sich jetzt vor, Sie müssen am Tag der offenen Tür kurzfristig für eine Kollegin oder einen Kollegen einspringen und Ihren Fachbereich vorstellen. Wie hoch ist Ihr Aktivierungslevel in diesem Augenblick (in einer Ziffer ausgedrückt)? ________

Die Herausforderung und gleichzeitig die Leichtigkeit der Titrationsmethode ist es, eine hohe Aktivierung im Nervensystem so zu dosieren, dass sie verträglich wird. Das bezieht sich auf den Umgang mit der eigenen Aktivierung genauso wie auf die Aufregung von Schülerinnen und Schülern, Kolleginnen und Kollegen oder sonstigen Menschen im näheren Umfeld. Auch komplexer chronischer (traumatischer) Stress kann durch die Portionierung der Aktivierung in minimale Dosierungen abgebaut werden.

Eine Idee, wie man Titration trainieren könnte, ist, sich ein großes Ziel zu überlegen oder das oben aufgeführte Beispiel zu nehmen, das man sich dann in „mundgerechte Happen" zerlegt und dabei nachspürt, wie sich dies im Körperempfinden anfühlt. – Fällt Ihnen dazu etwas spontan ein?

Übung:

Schreiben Sie dazu das Thema auf den Gipfel des Berges. Wählen Sie einen Weg und benennen Sie auf diesem Ihre einzelnen Schritte. Viel Freude beim Titrieren!

Nehmen Sie sich nochmal die Zeit, den Unterschied zu spüren, je nachdem ob Sie direkt an das große Ziel denken oder an den ersten Schritt.

Lesen Sie nun unser Fallbeispiel zu Titration aus dem Ganztagsprogramm einer Grundschule.

Ein Fallbeispiel zu Titration	***Kommentar und Verweis***
Es ist ein Nachmittag in der Ganztagsbetreuung. In der Technik AG der vierten Klassen sind die meisten Schülerinnen und Schüler schon eifrig am Hämmern. Ich baue mit ihnen Nagellabyrinthe. Manche kommen leicht vorwärts, andere haben Schwierigkeiten Nägel gerade und im passenden Abstand in ein Brett zu hämmern. Während es bei einigen flott vorwärtsgeht, kommen andere langsam, aber stetig voran, wieder andere nur mit einem Fluchen auf den Lippen. Der Lärmpegel ist recht hoch, besonders eifrige Kinder wollen mir ihre schon fast fertigen Kreationen zeigen, wiederum andere bitten um Hilfe.	*Die Schülerinnen und Schüler gehen in ihrem eigenen Rhythmus vor. Einige befinden sich inmitten, andere eher am Rand ihres Toleranzfensters (vgl. → Kapitel 1). Manche suchen nach Co-Regulation (vgl. → Kapitel 3.4).*
Ich merke, dass in mir durch den Lärmpegel und die verschiedenen Anforderungen leichte Anspannung aufsteigt, die ich jedoch gut wieder in mir regulieren kann.	*Die Lehrkraft übt sich in Selbstregulation (vgl. → Kapitel 3.3).*
Tom sitzt da, lässt Nägel auf seinem Arbeitsplatz hin und her rollen und arbeitet nicht. Meine erste Reaktion ist ein leises inneres Grummeln, da ich Sorge habe, dass sich womöglich andere Kinder an ihm ein Beispiel nehmen. Dann könnte sich schnell ein gefährliches Spiel mit den spitzen Nägeln entwickeln. „Vielleicht sollte ich ihn an die Regeln erinnern, dass Materialien und Werkzeug kein Spielzeug sind", überlege ich. Mein Bauchgefühl sagt mir jedoch, dass ich erst einmal genauer herausfinden sollte, was los ist, bevor ich den nächsten Schritt tue.	*Der Schüler ist nicht im „ich kann"-Bereich (vgl. → Kapitel 2). Die Lehrkraft nimmt präsent ihr eigenes Körpergefühl wahr und achtet es (vgl. → Kapitel 3.1).*
Einige der anderen Kinder schauen schon zu Tom und lassen sich damit von ihrer eigenen Arbeit ablenken. Ich gehe zu ihm hin und frage ihn, warum er nicht angefangen hat. „Ich kann das nicht", sagt er leise. Eine Träne kullert sein Gesicht herunter und mein leichter Ärger weicht einem Mitgefühl. „Vielleicht magst du es dennoch versuchen?", frage ich freundlich. Da andere Kinder auch meine Unterstützung benötigen, wende ich mich ihnen zu. „Hoffentlich legt Tom los", denke ich.	*Dem Schüler ist die Aufgabe augenscheinlich zu groß und er hat vermutlich die Orientierung verloren. Die Lehrkraft sorgt so gut sie kann coregulierend für die ganze AG.*
Einige Minuten später sitzt Tom immer noch nur da, rollt die Nägel und arbeitet nicht. Langsam wird mir klar, dass er wohl wirklich aktuell mit der Aufgabe überfordert ist und setze mich neben ihn. „Komm lass uns das zusammen probieren. Vielleicht können wir mit einem kleinen Stück anfangen und dann Pause machen. – Wo magst du denn auf deinem Brett das Labyrinth starten?", frage ich ihn.	*Die Lehrkraft wendet sich nun präsent Tom zu und bietet ihm spielerisch leichte, selbstermächtigende Unterstützung an.*

Ein Fallbeispiel zu Titration	*Kommentar und Verweis*
Er zeigt mir, wo die Bahn entlanglaufen soll. Ich mache ihm für die ersten fünf Nägel einen Anfang, in der Hoffnung, dass er dann erfolgreich diese Nägel auf die passende Länge einschlagen kann. Zögerlich nimmt er den Hammer in die Hand und klopft die Nägel vorsichtig weiter rein.	*Der Schüler hat einen Plan. Darauf aufbauend begegnet die Lehrkraft ihm titriert, ohne ihm seine Arbeit abzunehmen (vgl. auch das folgende → Kapitel 4.4, wo es um Grenzsetzung geht).*
Jetzt lasse ich ihn einige Zeit lang selbst werkeln. Nebenbei beobachte ich, wie bald die fünf Nägel im Brett sind und er selbst probiert einen neuen Nagel ins Holz zu hämmern. Als dies nicht gleich perfekt klappt, sitzt er wieder da und schaut auf sein Brett. Die Nägel rollt er aber nicht mehr hin und her. Im Vorbeigehen ermuntere ich ihn und er zeichnet jetzt den Pfad für das Labyrinth vor. Später komme ich wieder an seinen Tisch und helfe ihm den Anfang für das nächste Stück zu machen, indem ich einige wenige Nägel minimal ins Holz einschlage. So geht es ungefähr eine halbe Stunde lang – immer wieder gelingen ihm kleinste, relativ eng betreute Arbeitsschritte und dann macht er jeweils eine kleine Pause, in der er einfach dasitzt.	*Mit Co-Regulierung, Präsenz, Orientierung und Titration gelingt es dem Schüler etwas mehr in den „ich kann"-Bereich zu kommen (vgl. → Kapitel 2).* *Die Pause gehört mit zu der titrierten Arbeitsweise.*
Mittlerweile sieht Tom weitaus fröhlicher aus. Ich ermutige ihn nochmal zu probieren einen Nagel, ohne meine Hilfe einzuschlagen. Bis zum Ende der Stunde kommt er Stück für Stück vorwärts und über die nächsten zwei Wochen wächst mit Fertigstellen seines ersten Werkstücks in kleinsten Schritten auch sein Vertrauen etwas selbst zu probieren.	*Der Körper braucht Zeit, um sich an einen neuen Zustand zu gewöhnen. Immer wieder geduldig auf kleine Merkmale von Entspannung zu achten, kann hilfreich sein.*
Bei den nächsten Projekten kommt allerdings zunächst immer wieder ein „ich kann das nicht" durch. Ich erinnere ihn (und auch mich) daran, dass es völlig in Ordnung ist, erst mal einen kleinen Arbeitsschritt zu machen und dann durchzuatmen. Im Laufe des Schuljahrs wird Tom mutiger immer nur so viel zu machen, wie für ihn gerade gut ist und Pausen einzulegen, bevor es ihm zu viel wird. Auf diese Weise kann er bald mit der Gruppe mithalten und baut sogar am Schuljahresende technisch anspruchsvolle Eigenkreationen. Auch wenn ich auf die kleinen, titrierten Schritte vertraut habe, war ich doch sehr erstaunt und hoch erfreut, dass er am letzten Kurstermin der Gruppe stolz ein selbstgebautes Holzauto mit Elektromotor und Beleuchtung vorführte.	*Das titrierte Arbeiten zieht sich durch das Schuljahr.*

4.4 Gekonnt Grenzen setzen – Ich spüre mich und meine Grenzen

Jeder Mensch hat **persönliche Grenzen**. Das Gespür für den eigenen Raum, die eigene Körpergrenze sowie das Verhandeln der Grenzen im Kontakt zum Gegenüber kann zur Stressbewältigung beitragen. Erst dadurch wird eine sichere Begegnung auf Augenhöhe möglich.

Menschliche Körper sind begrenzt. Das Gefühl für den eigenen Raum geht über die Körpergrenze hinaus und hat verschiedene Aspekte. Die eigene Kreativität leben zu können gehört dazu, genauso wie das Spüren von Nähe bzw. Distanz zum Gegenüber, die angenehm ist. Auch sogenannte territoriale Grenzen werden gesetzt, beispielsweise haben alle Schülerinnen und Schüler einen eigenen Sitzplatz, jede Lehrkraft ein Pult / einen Tisch im Klassenraum, die Jacke hängt am persönlichen Haken oder über dem eigenen Stuhl, in manchen Schulen gibt es einen eigenen Spind für die Schülerinnen und Schüler, etc. Soziale Grenzen beziehen sich u. a. auf die Klassengemeinschaft, auf Grüppchen in einer Klasse und auch auf die Schule als Schulgemeinschaft. Bei Mobbing werden soziale Grenzen verletzt, Schülerinnen und Schüler werden aus der sozialen Gemeinschaft ausgegrenzt, aber auch der eigene Raum wird dabei verletzt. Blicke können ebenfalls grenzverletzend wirken.

Im Körper nehmen wir wahr, wenn unsere persönliche Grenze verletzt wird – wir können zum Beispiel einen heißen Kopf spüren bei einer engagierten Diskussion. Steht eine Lehrkraft mit ihrer Meinung allein gegen das Kollegium, so fühlt sie sich in der Situation verlassen und ausgegrenzt. Mit den in diesem Buch dargestellten Methoden können persönliche Grenzen gekonnt verteidigt werden, indem über die Regulation des Nervensystems der eigene sichere Ort gefunden wird.

Es vermittelt ein Gefühl von Sicherheit, wenn Nähe und Distanz gespürt werden können und Menschen in ihren persönlichen Grenzen unterwegs sind bzw. wissen, wie sie dorthin gelangen. Manchmal ist es herausfordernd, eigene Grenzen zu überschreiten, um dann wieder gekonnt innerhalb des eigenen Wohlbefindens zu navigieren.

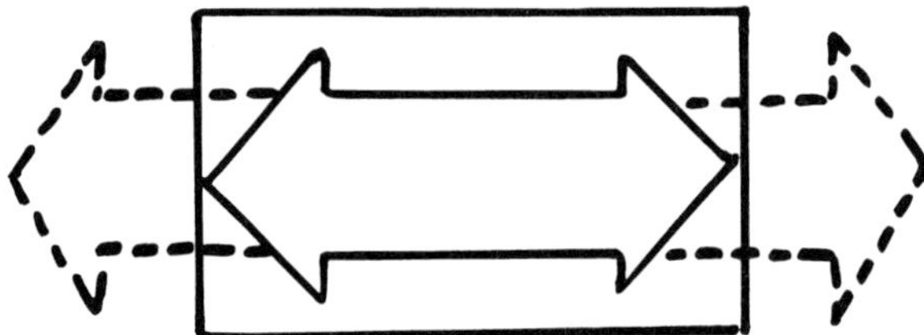

Liegt ein „Schocktrauma" zugrunde, sind meistens persönliche Grenzen überschritten oder gar gebrochen worden. Das Gefühl für Nähe und Distanz kann dann abhanden gehen. Bei einem Entwicklungstrauma können sich gesunde Grenzen erst gar nicht bilden.[23] In einer sicheren Umgebung ist es möglich, Grenzen zu setzen und gleichzeitig im Kontakt zu bleiben. In Lebensgefahr, auch in gefühlter Lebensgefahr, sind oft der Verstand und das Sprachzentrum abgeschaltet. Es bleiben die Worte weg und man ist nicht mehr in der Lage, die eigenen Grenzen verbal zu schützen. Auch wenn die lebensbedrohliche Situation, in der der Mensch nicht fliehen oder sich nicht wehren konnte, längst vorbei ist, kann zum Beispiel im Klassenraum etwas so triggern, dass man nicht reagieren kann. Die Erstarrung bleibt, wie beschrieben, so lange im autonomen Nervensystem vorhanden, bis sie aufgelöst ist, auch über mehrere Jahre.

Übung:

Eine gute Übung zum Erspüren der eigenen Körpergrenzen ist das Abklopfen. Man klopft mit der einen Hand auf die Innenfläche der anderen Hand, pausiert und spürt nach. Dann klopft man den Handrücken ab, pausiert und spürt nach. Mögen Sie es ausprobieren? Vielleicht nehmen Sie ein leichtes Kribbeln wahr? Pulsiert etwas anders als vor der Übung? Wird die Hand eher warm oder kalt? Macht sich vielleicht ein taubes Gefühl breit? Welche Beobachtungen Sie auch machen, alle sind wahr und sind Ihre eigenen Körpergefühle. Wechseln Sie nun die Seite und klopfen Ihre andere Hand ab. Auch die Unter- und Oberarme freuen sich über solch ein Abklopfen der Körpergrenzen, sie werden dadurch klarer spürbar. Mit genügend Zeit kann man auf diese Weise nach und nach die ganzen Körpergrenzen – immer wieder mit Pausen – abklopfen und nachspürend erkunden. Das Hände- und Armeabklopfen kann auch gut in einer kurzen Lernpause im Unterricht gelingen und macht wach.

Übung:

Das Erkunden der eigenen Grenzen kann im Unterricht ausprobiert werden, wenn sich eine Schülerin oder ein Schüler freiwillig dazu bereit erklärt. Im Abstand von drei bis vier Metern steht sie oder er der Lehrkraft gegenüber. Diese geht präsent und langsam, wie in Zeitlupe, auf ihr Gegenüber zu und die Schülerin oder der Schüler sagt „Halt!“, sobald sich der Abstand nicht mehr stimmig anfühlt. Die Lehrkraft nimmt dies zum Anlass und vergrößert ihren Abstand so lange, bis es sich für ihr Gegenüber wieder angenehmer anfühlt. Diese neue Distanz wird dann spürend erkundet und mit Fragen unterstützt – „Wie fühlt es sich an, wenn ich diesen Abstand einhalte? Woran merkst du, dass dies der genau richtige Abstand ist?“ Die Übung lässt sich auch als freiwillige Empfehlung für alle auf dem Pausenhof nachspielen, als Impuls für das Herausfinden von gespürter Nähe und Distanz. In der Gewaltprävention bekommt das Spiel noch einen umfassenderen Rahmen. Es geht um Körpergespür und gesunde, friedfertige Grenzsetzungsfähigkeit.

Das Thema „gekonnt Grenzen setzen“ kann sich durch den gesamten Schultag ziehen. Streitigkeiten liegen oft Grenzverletzungen zugrunde, Mobbing und fiese Tricks sind Grenzüberschreitungen. Gehäuftes Provozieren, Lügen, grenzwertige Sticheleien, ständiges Besserwissen können ihren Ursprung im Grenzthema haben. Werden Schülerinnen und Schüler im Rahmen von Unterrichtsstunden bloßgestellt, beschämt, emotional abwertend und damit übergriffig behandelt oder auch emotional isoliert bzw. allein gelassen, wirkt diese oft als Pädagogik getarnte Maßnahme kontraproduktiv und der innere Stresspegel der Beteiligten steigt. Mit Misstrauen und Angst erfüllte Schülerinnen und Schüler erleben Unsicherheit im autonomen Nervensystem und sind nicht in der Lage nachhaltig zu lernen. Es gilt den Blickwinkel dafür zu schärfen und auf Körperempfindungen als Hinweis von Stresserleben zu achten. Für eine gut kooperierende Schul- und Klassengemeinschaft ist es aus Sicht der modernen Stress- und Traumaforschung unerlässlich, das Thema „Grenzen achten“ mit zu berücksichtigen.

An dieser Stelle möchten wir Ihnen einen Erfahrungsbericht zu lesen geben. Er wurde von der siebzehnjährigen Gymnasialschülerin Maria geschrieben und beschreibt ihre ganz persönliche Erfahrung mit dem Thema Grenzen. Die Jugendliche zeigt Ihnen, liebe Leserinnen und Leser, das Leben mit ihrer besonderen gesundheitlichen Beeinträchtigung und hofft dabei auf Verständnis von Lehrkräften für einen hilfreichen Umgang mit persönlichen Grenzen. Mehr möchten wir an dieser Stelle nicht verraten – lesen Sie selbst und lassen Sie sich mitnehmen.

Mein Schulalltag mit einer dissoziativen Störung – Erfahrungsbericht:

Kennst du das Gefühl, wenn du deinen Kopf im Freibad unter Wasser tauchst und alle Geräusche nur noch gedämpft zu dir durchdringen? Oder das Gefühl völlig übermüdet zu sein und kaum noch zu realisieren, dass man selbst spricht, dass die Glieder schwer werden und man sich nicht mehr bewegen mag? So fühlt es sich an, bevor ich dissoziiere.

Kennst du das Gefühl, wenn du über den Durst hinaus Alkohol trinkst, sodass du völlig erschöpft aufwachst und deine Freunde dir wilde Geschichten erzählen, darüber was passiert ist, du dich aber in keiner Weise daran erinnern kannst? So fühlt es sich an, wenn ich aus meiner Dissoziation erwache.

Hallo, mein Name ist Maria und ich bin siebzehn Jahre alt. Vor zwei Jahren wurde bei mir eine dissoziative Störung (dissoziative Krampfanfälle) diagnostiziert. **Vor der Diagnose** lebte ich mit den Symptomen, ohne zu wissen, was mit mir los ist. Ich war Schülerin an meinem Heimatgymnasium und meine dissoziativen Schübe machten sich langsam immer bemerkbarer. Ich wurde öfter bewusstlos und auch vom Rettungsdienst mit Verdacht auf Schlaganfall abgeholt. Die Lehrerinnen und Lehrer waren besorgt, kümmerten sich jedoch ruhig und gelassen um mich, was die Situation oft entschärfte. Sie fühlten sich zwar überfordert, handelten aber aus dem Bauch heraus und wandten gelernte Erste-Hilfe-Techniken an, wie zum Beispiel Beine hochlegen, mich stabilisieren usw. Zu diesem Zeitpunkt wusste niemand von uns, was eine dissoziative Störung war oder ist. Aber gemeinsam haben wir uns dadurch gehangelt. Ich konnte normal am Unterricht teilnehmen und den Schulalltag erleben.

Nachdem meine Diagnose gesichert war und ich wusste, dass ich an einer besonderen posttraumatischen Belastungsstörung, der dissoziativen Störung, leide, bin ich in eine Wohngruppe gezogen und musste die Schule wechseln. Wir haben der neuen Schule meine Diagnose mitgeteilt, um die Lehrkräfte nicht zu überfordern und um ihnen die Angst zu nehmen vor dem Fall, dass ich bewusstlos werde. Doch wir erreichten leider genau das Gegenteil. Mit sofortiger Wirkung wurde ich erstmal drei Wochen von der Schule suspendiert, da die Schule sich erstmal absichern wollte, ob und wie ein Schulbesuch für mich möglich gemacht werden kann.
In dieser Zeit wurde ich weder im Unterricht berücksichtigt, geschweige denn mit Materialien versorgt. Die Schule entwickelte einen Notfallplan, der dafür sorgen sollte, dass ich gut und gesichert durch den Schulalltag komme. Der Plan beinhaltete allerdings nicht, dass die Lehrkräfte mein Krankheitsbild kennenlernen, sondern nur, dass die Schule juristisch für den Fall, dass ich umkippe, abgesichert ist. Auf Klassenfahrt darf ich auch nicht mitfahren und meine eigenen Belange werden nicht gehört. Dieser Plan war also nicht gut auf mich abgestimmt, und meine Lehrkräfte haben Angst davor, dass ich in ihrem Unterricht dissoziiere.

Was würde ich mir wünschen? Ich wünschte, ich könnte genau wie meine Mitschülerinnen und Mitschüler ohne starke Einschränkungen am Schulalltag teilnehmen und mich genauso wohlfühlen wie sie. Auch wäre ich unfassbar dankbar, wenn man mich zu Wort kommen lässt und mir zuhört im Bezug darauf, wie man vorgehen sollte, wenn ich dissoziiere. Denn ich bin die Expertin, was meine Krankheit betrifft. Wenn die Lehrkräfte ein wenig Fachwissen über Traumata hätten, wäre mein Weg einfacher. Ich finde es nicht schlimm, wenn man auch als Lehrkraft Ängste hat, doch es ist wichtig sich mit der Thematik wenigstens oberflächlich auseinander zu setzen. Eines der wichtigsten Dinge, die ich mir noch wünschen würde, ist Vertrauen. Vertrauen darauf, dass ich alles Mögliche tun würde, um nicht zu dissoziieren, so wie ich es inzwischen von Fachleuten gelernt habe.

Zusammengefasst: Es wäre schön, wenn meine Lehrerinnen und Lehrer stress- bzw. trauma-informiert wären und mich bei Fragen, Ängsten o. ä. einfach ansprechen würden, mit mir Lösungen finden, anstatt dass es nur den juristischen Plan gibt.

 **Übung:**

Wie geht es Ihnen nach diesem Erfahrungsbericht? Nehmen Sie sich bitte kurz Zeit, um in Ihrem Körper nachzuspüren. Welche Emotion herrscht vor? Mit welchen Worten können Sie Ihren „Felt Sense“ beschreiben, Ihre spürende Wahrnehmung der inneren Körperqualitäten? Ist da eher etwas eng oder weit, leer oder voll, dickflüssig oder fließend? Steigen vielleicht Bilder auf oder kommen Wörter, Sätze? Was ist da noch?

Hier haben Sie Platz zum Notieren Ihrer Empfindungen, Gefühle und Gedanken:

Die Situation, die Maria beschreibt, ist aus Sicht körperorientierter Stressbewältigung unzulänglich. Ein wirksamer Plan im Umgang mit der dissoziativen Störung sollte sowohl das Interesse der Schule als auch der Schülerin abdecken, um im gelingenden Miteinander Inklusion leben zu können. Der Wunsch Marias, möglichst normal und ohne viel besonderes Aufsehen in die Schule gehen zu können, sollte gehört werden.

Ihre betreuende Sozialpädagogin wandte sich hilfesuchend an die schulische Beratungslehrerin, um ihr aus dem Leben mit Marias dissoziativer Störung zu erzählen. Wie sich herausstellte, waren sie beide in Somatic Experiencing (SE)® geschulte Fachkräfte. Obwohl in dem Gespräch der Fokus auf dem häuslichen Umfeld lag, war es der Lehrkraft dank ihrer Kenntnisse von Aktivierung im Nervensystem möglich, Marias persönliche Grenzen näher zu verstehen und mögliche Ressourcen und Ansatzpunkte für ihren Schulalltag zu finden. Wir haben das Fallbeispiel aus Sicht der Lehrerin für Sie verschriftlicht.

Ein Fallbeispiel zu Grenzen	***Kommentar und Verweis***
Als Beratungslehrerin bin ich dafür da, mit Eltern und Erziehungsberechtigten zusammenzuarbeiten, wenn es mal in der Schule hakt. Interessiert höre ich heute der Sozialpädagogin zu, die Maria in der Wohngruppe betreut. Ich wusste bisher nichts von ihrem Fall und versuche mehr Gespür für die Schülerin zu entwickeln.	*Die Lehrkraft bemerkt, dass es um eine ernste Angelegenheit geht, rückt sich auf ihrem Stuhl zurecht, spürt den Boden unter ihren Füßen und achtet auf ihre Präsenz.*
„Dienstags ist unser Gruppenabend-Tag und einmal im Monat machen wir eine Aktivität. Im Nachbarort gibt es das beliebte Eulenkuscheln, bei dem kleine und große Eulen gezeigt und auf die Hand genommen werden können. Dort wollten wir hin. – Ich sah schon, dass es Maria nicht gut ging. Sie wirkte abwesend, sah sehr traurig aus und wollte nicht gestört werden. Erst kürzlich war sie nach einem langen Klinikaufenthalt in die Wohngruppe gekommen. 	*Das Eulenkuscheln klingt für die Lehrkraft interessant, sie ist daher etwas traurig, als sie hört, dass Maria auf die Aktivität vorab mit Unwohlsein reagiert.*

Ein Fallbeispiel zu Grenzen	***Kommentar und Verweis***
Dann, auf dem Eulenhof, taute Maria nach einiger Zeit von allein auf. Die Mädchen durften eine graue Uhu-Dame und danach ein Eulenbaby halten und streicheln. Maria war gelöst und wirkte wieder sehr präsent.	*Dass die tatsächliche Begegnung mit den Eulen Maria freut, beruhigt die Lehrkraft. Das Mädchen scheint also grundsätzlich zu stimmigem Kontakt fähig zu sein.*
Dies änderte sich schlagartig nach der Rückkehr in die Wohngruppe. Sie war nur noch ein wenig ansprechbar. Ich vereinbarte daher mit ihr, dass wir uns gleich nochmal treffen, damit ich schauen kann, wie es ihr geht. Dazu kam es aber nicht.	*Die Lehrkraft hört mit offener Haltung und wachsendem Mitgefühl für die Schülerin zu.*
In ihrem Zimmer begann sie in einen dissoziativen Zustand zu fallen. Sie kauerte dort von innen vor der Zimmertür, und zwar so, dass man die Tür nur noch einen Spalt öffnen und ihr dann in die Augen sehen konnte. Maria schaute mich durch den Türspalt an, jedoch wirkte es so, als müssten ihre Augen stets analysieren, wer vor ihr stand. Sie bewegten sich fluchtartig hin und her.	*Solch eine Situation hat die Lehrkraft in der Schule noch nicht erlebt. Sie bemerkt, wie sie erschrickt, stellt ihre Füße daher fest und sicher auf die Erde und beobachtet ihre Selbstregulation.*
Ich wusste, dass sie auf Ansprache und Berührung gut reagieren würde, deswegen sprach ich mit ihr und sagte, dass ich nun ihre Hand nehmen würde. Dies nahm sie gut an und auf diese Weise gelang mir der Zugang in ihr Zimmer. Ich setzte mich neben sie und legte meine flache Hand, mit Ansage, auf ihren Oberarm. Ich sagte ihr immer wieder, dass ich für sie da sei, erklärte ihr, wo sie sich befinde und dass sie in Sicherheit sei. Darüber hinaus nahm ich ihre andere Hand. Sie konnte durch die Anregung der taktilen und haptischen Wahrnehmung ins „Hier und Jetzt" zurückkommen. Das merkte ich daran, dass sie mich ansah und auf meine Fragen mit einem Kopfschütteln oder Nicken reagierte. Es kam ebenfalls etwas Farbe in ihr Gesicht und sie bewegte ihre Mundwinkel. Ich hatte eine leichte, humorvolle Lektüre mit in das Zimmer genommen und begann ihr zur Ablenkung daraus vorzulesen und Bilder zu zeigen. Sie begann zu lachen und wieder mit mir zu sprechen."	*Aus Therapiemethoden von Somatic Experiencing (SE)® ist der Beratungslehrkraft bekannt, dass leichte, abgesprochene Berührungen durchaus hilfreich wirken können. Sie überlegt, was in der Schule in solch einer Situation zu tun wäre, wo Lehrkräfte ja nicht mit Berührungen arbeiten, und fühlt sich etwas überfordert. Sie spürt, dass sie beim Zuhören an ihre Grenzen stößt und nimmt dieses Gefühl zur Kenntnis.*
An dieser Stelle unterbreche ich die Sozialpädagogin. Wir sprechen kurz darüber, wie wichtig und hilfreich es ist, Ressourcen zu erkennen und zu erweitern, um überhaupt einen angenehmen Zugang zum eigenen Körpergefühl zu entwickeln. Die persönlichen Grenzen verschwimmen so schnell, wenn man den eigenen Körper aufgrund eines enormen inneren Stresspegels nicht spüren kann. – Die Pädagogin fragt, ob ich noch weiter die Geschichte hören möchte, um als Beratungslehrerin noch mehr das Thema Grenzen bei Maria zu verstehen. Ich nicke und die Pädagogin fährt fort.	*Auch in der Schule können Ablenkungen das autonome Nervensystem zeitweilig entspannen, genauso wie Realitätschecks. – „Vielleicht könnten wir in einem nächsten Gespräch mit Maria und der Sozialpädagogin zusammentragen, was noch bei einem Anfall helfen könnte und was für Maria in der Schule hilfreich wäre?", überlegt die Lehrkraft.*

Ein Fallbeispiel zu Grenzen	***Kommentar und Verweis***
 „Da ich das Gefühl hatte, die Situation sei noch nicht ganz gelöst und Maria jetzt aber stabil wirkte, fragte ich sie nach dem Auslöser, wodurch sie zusammengekauert hinter der Tür zu sitzen kam. Maria erzählte, dass sie alte Fotos sortiert hätte und hierüber getriggert wurde. Es platzt aus ihr heraus, sie habe Angst vor ihrem Bruder. Dieser sei zwei Jahre älter als sie und habe sie nicht gut behandelt. Sie begann von einer Situation zu erzählen, in der sie sechs Jahre alt war …	*Die Lehrkraft hatte eigentlich vor, das Gespräch nun zu beenden, da sie schon hilfreiche Hinweise über den Umgang mit Maria bekommen hat, die sie sacken lassen möchte. Allerdings ist sie neugierig, was die Pädagogin noch zu berichten hat und verschiebt ihre zeitliche Grenze nach hinten.*
Ich unterbrach ihren Redefluss sanft und sagte ihr, dass sie nun siebzehn Jahre alt ist und groß sei.  Um sie noch klarer in ihr Zeitgefühl zu bringen, fragte ich sie, was sie als Siebzehnjährige vielleicht für die Sechsjährige von damals tun könnte. Sie antwortete spontan – die Sechsjährige an die Hand nehmen und mit ihr gemeinsam weggehen. Ich bat Maria, sich dies ganz genau vorzustellen. Da ihr das aber nicht gelang, begann sie zu weinen. Wir saßen also weiter zusammen auf dem Boden hinter der Tür, Maria weinte und ich suchte nach einem Anker, der ihr Nervensystem beruhigen könnte. Ich probierte noch verschiedene Wege, um Maria wieder in ihr Gefühl von Sicherheit zu begleiten. Es gelang aber nicht.“	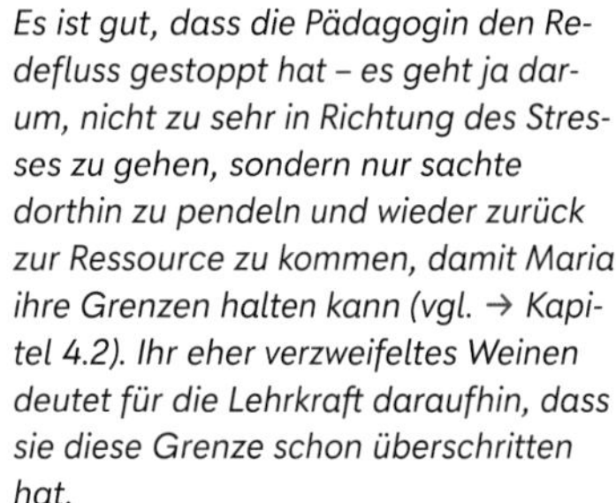 *Es ist gut, dass die Pädagogin den Redefluss gestoppt hat – es geht ja darum, nicht zu sehr in Richtung des Stresses zu gehen, sondern nur sachte dorthin zu pendeln und wieder zurück zur Ressource zu kommen, damit Maria ihre Grenzen halten kann (vgl. → Kapitel 4.2). Ihr eher verzweifeltes Weinen deutet für die Lehrkraft daraufhin, dass sie diese Grenze schon überschritten hat.* *Die Lehrkraft spürt, wie schwierig es für Maria ist, ihre Grenzen zu wahren und wie schwierig es für ihre Begleitung ist, zu co-regulieren (vgl. → Kapitel 3.4).*
Die Pädagogin unterbricht hier ihre Erzählung. Sie bemerkt, dass ihr noch etliche Wendungen der Situation einfallen, die vielleicht zu langatmig für dieses Gespräch wären. Der Versuch, Maria gekonnt Grenzen setzen zu lassen, hatte sehr lange gedauert. Die Pädagogin kürzt die Geschichte also etwas ab und erzählt vom Ende der Begebenheit.	*An diesem Punkt der Erzählung beschließt die Lehrkraft, dass Maria einen mehr ressourcenorientierten Schulalltag erleben sollte. Die Begegnung mit mangelnden Ressourcen kennt sie anscheinend zu Genüge.*
 „Schließlich fragte ich sie, ob sie die Tresorübung kenne. Hier handelt es sich um eine bildhafte Übung, bei der man sein Problem zu einem sich vorgestellten Tresor bringen und es dort sicher und sehr gut begrenzt wegschließen kann, damit es einen nicht mehr behelligt. – Maria kannte die Übung aus der Klinik und so wählten wir diesen Weg.	*Die therapeutische Tresorübung kennt die Beratungslehrkraft nicht, aber sie macht ihr deutlich, dass Maria mit symbolhafter Sprache umzugehen weiß.*

Ein Fallbeispiel zu Grenzen	***Kommentar und Verweis***
Ich fragte nach, ob es für ihr Bild, das ihr vom Bruder nicht aus dem Kopf ginge, vielleicht ein Symbol gebe. – Sie erwiderte, ja, das wäre ein Würfel mit einer Play-Taste. Sie sagte mir auch, dass sie selbst diese Taste drücken könnte, wenn sie möchte. Maria wollte in ihrer Vorstellung nun gleich zum Pferd im Stall und musste dafür erst einmal eine imaginäre Treppe hochsteigen. Dort stand ihr Pferd Magic, dem sie den Würfel in die Satteltasche legte. Dann schwang sie sich (im Bild) auf den Pferderücken und ritt zum Tresor. Den Würfel legte sie dort hinein und schloss den Tresor ab. – Das Pferd blieb vor dem Tresor stehen und bewachte diesen in Ruhe.	*Auch bemerkt sie wieder, dass Maria durchaus klare Grenzsetzungen vornehmen kann. Sie weiß ganz genau, auf welchem Weg ihr Würfel in den Tresor gelangt. Ihr autonomes Nervensystem beruhigt sich dabei.* *Die Ruhe, die in der Erzählung am Ende zutage kommt, nimmt die Lehrkraft als wohltuend wahr und beschließt, Maria vor allem mit eigener ruhiger Präsenz und Selbstregulation zu begegnen.* *Vielleicht wird es durch wertschätzende Co-Regulation gelingen, das Spüren ihrer eigenen Körpergrenzen schulisch mit zu unterstützen. Das Pferd könnte dann weiter in Ruhe den Tresor bewachen, während sie gemeinsam überlegen, wie die Schultage leichter für Maria gestaltet werden können.*
Während sie dies erzählte, beruhigte sich Maria. Sie begann auch ruhiger zu atmen, richtete sich auf und schien zu allen Seiten orientiert. – Wir standen auf. Das Mädchen nahm ohne Probleme ihre Medikamente, konnte etwas essen und wieder Kontakt zu ihren Mitbewohnerinnen herstellen.“	*Maria ist wieder im Hier und Jetzt angekommen.*
Ich staune über das Ende der Erzählung und über die Wirkung der imaginären Übung. Als ich mich für das vertrauensvolle Gespräch bedanke, bitte ich möglichst bald Maria selbst in der Schule zu treffen. Mir ist klar, dass sie – wie jedes andere Mädchen auch – ihre eigenen Vorstellungen und Träume hat und dass sie in der Schule Teilhabe bekommen muss, um sich selbst und ihre Grenzen besser spüren zu können. Ich verabschiede mich von der Pädagogin und spüre nach, wie es eigentlich mit meinen eigenen Grenzen aussieht.	

5 Aus der Begegnung mit Fehlern lernen

Benotungen, Bepunktungen, Korrekturen sind Alltag für uns Lehrkräfte. Gleichsam fordern sie uns hin und wieder heraus. Stress kann entstehen, wenn fachliche Fehler bei Schülerinnen und Schülern trotz guten Unterrichts überhandnehmen, bzw. zu viele Fehler im Sozialverhalten vorfallen, die eigene und schulinterne Strategien sprengen. Auch eigene Fehler können Stresspotenzial beherbergen.

Nachdem Sie in diesem Buch über viele Kapitel hinweg die Arbeit mit den Mechanismen im autonomen Nervensystem lösungsorientiert kennengelernt haben, möchten wir gern mit Ihnen nachspüren, was Sie in Ihrem Körper bemerken, wenn Sie die Aussage lesen: **„Fehler sind erlaubt."**

Übung:

Welche Formulierung trifft Ihre Reaktion am ehesten? Markieren Sie ein oder zwei der folgenden Bekundungen:

UNGLAUBLICH!!! *Was soll das??* Danke, das erleichtert mich.

Provokativ! *VErrÜCKT!* Ja klar doch! Das wäre schön.

Schauen wir uns nun die eigenen Empfindungen im Körpergespür an. Was sagt Ihr Felt Sense zu der Bemerkung „Fehler sind erlaubt"? Markieren Sie die Wörter, die gerade jetzt für Sie zutreffend sind, wenn Sie in sich hinein spüren:

☐ angenehm	☐ leicht	☐ taub
☐ durcheinander	☐ locker	☐ verengt
☐ energiegeladen	☐ mit Gänsehaut	☐ verkrampft
☐ entspanntes Atmen	☐ nervös	☐ voll
☐ flackernd	☐ prickelnd	☐ warm
☐ geräumig	☐ schäumend	☐ zäh
☐ intensiv	☐ schüttelnd	☐ zart
☐ klebrig	☐ schwer	☐ zerbrechlich
☐ leer	☐ sich bewegend	☐ zitternd

„Drei Fehler sind erlaubt!"[24] ist ein leicht humorvolles Workshop-Zitat von Dr. Peter A. Levine, der Somatic Experiencing (SE)® entwickelt hat. Es möchte nicht einladen, extra Fehler zu begehen und Schülerinnen und Schüler oder gar Lehrkräfte zu fehlerhaftem Tun anzuregen. Das Zitat betrachtet stattdessen die Fehlerkultur aus einem menschenfreundlichen und lösungsorientierten Blickwinkel, um den Druck zu vermindern.

Darüber hinaus bietet sich bei der körperorientierten Stressbewältigungsmethode ein erweiterter Umgang mit Fehlern an. Es geht um das Einsetzen der Frage: „Was ist da noch?“ – Diese Frage ist wesentlich und führt zu neugierigem Erkunden der Realität und dem, was im Körper gerade geschieht: „Und was ist da noch?“

Ein Schüler, der immer wieder die gleichen Rechtschreibfehler macht und einfach nicht umsetzen kann, dass Nomen groß und alle anderen Wörter im Satz klein geschrieben werden, fällt auf. Bemerkt die Deutschlehrkraft beim genaueren Hinsehen, dass er ansonsten fast alle Wörter rechtschreibgetreu schreibt, so könnten wir die Frage „Und was ist da noch?“ erstaunt beantworten mit: „Er schreibt ansonsten alles richtig“, was eine ganz andere Aussage wäre als: „Er kennt auch keinerlei Kommaregelungen und vergisst oft das Dehnungs-h.“

Der neugierige Ansatz kann auch in anderen Fächern angewandt werden. Manchmal führt die Antwort nicht unbedingt zu schlüssigen Überlegungen. Rätsel über das weitere Vorgehen bleiben vielleicht vorerst bestehen. Zurück zum Rechtschreibbeispiel:

Wie kommt es, dass das Kind alles klein schreibt? Ist es ein Interferenzfehler aus einer Zweitsprache, ist es Bequemlichkeit, Schusseligkeit, Unvermögen oder Unwissen? Kann Körperorientierung helfen, indem ich den Schüler (und die ganze Klasse) vielleicht einlade, bei einem besonderen Diktat immer, wenn ein Nomen vorgelesen wird, aufzustehen und somit das Körpergedächtnis mit einzuladen für die Festigung der Rechtschreibung?

Mit der Frage „Was ist da noch?“ entstehen Offenheit und Raum für neue Impulse. Aus dem körperorientierten stressphysiologischen Ansatz wissen wir, dass begonnene Impulse zu Ende gebracht werden wollen, damit sich Spannungen abbauen. Wenn wir diesen Impulsen Raum geben, also Fehlern nachspürend und neugierig nachfragend begegnen, dann können sich neue Wege für einen an den Schülerinnen und Schülern und am Lernen orientierten Umgang eröffnen.

Gern möchten wir Ihnen jetzt ein Beispiel aus dem Onlineunterricht mit einer sechsten Klasse vorstellen:

Das Einklinken in den Unterricht gelingt einigen Schülerinnen und Schülern sofort, andere haben technische Schwierigkeiten. Eine Schülerin hat auf einmal ihre Zugangsdaten verloren, ein anderer Schüler ist zwar mit Bild dabei, aber das Audio funktioniert auch nach mehreren Versuchen nicht. Die Lehrkraft überlegt schon, die beiden per Telefon zuzuschalten, da steht plötzlich doch die Verbindung und es kann endlich losgehen. Jetzt bemerkt die Lehrkraft jedoch, dass die eigene Internetverbindung instabil ist, das Bild hängt.

Diese Fehler sind vor allem technischer Art, dennoch ist es wichtig, mit ihnen gekonnt umzugehen und vor allem Ruhe zu bewahren. Neben dem Einsetzen technischer Skills möchten wir wie oben beschrieben fragen: „Was ist da noch?“ Verunsicherung, Hilflosigkeit, Professionalität, vielleicht Humor? Was empfindet mein Körper gerade? Ist mein Felt Sense eher eisig, gefroren, hektisch, schwindelig, kühl, stark oder vielleicht dehnbar? Ein kurzes Nachspüren ist hilfreich für die Lehrkraft, denn über die Co-Regulation können Schülerinnen und Schüler ohne Worte angesprochen werden. Aus der körperorientierten Stressbewältigung wissen wir, es macht einen Unterschied, ob die Lehrkraft (auch im Onlineunterricht) zugewandt, präsent, reguliert, orientiert ist, bzw. sich darum bemüht oder ob sich die Schülerinnen und Schüler allein gelassen und verloren fühlen.

Kommt eine stabile Internetverbindung in dem Unterricht noch zustande, so kann die Lehrkraft kurz ansprechen, dass es nun weitergeht und kann durch Präsenz und Selbstregulation, vielleicht auch Pendulation, zurück zur Empfindung von Ressourcen gelangen, zunächst einmal bei sich selbst.

Dies kann vor allem gelingen, wenn die Lehrkraft durch die einzelnen biologischen Zustände im autonomen Nervensystem bewusst navigieren kann und auf die fehlerhafte technische Verbindung mit dem bewussten Versuch der Schaffung eines Sicherheitsgefühls reagiert.

Gelingt es mit der Herstellung des eigenen Sicherheitsgefühls in einer angespannten Situation nicht, so mag das Zitat „Drei Fehler sind erlaubt!“ Erleichterung bringen. Wir möchten anmerken, die Zahl „drei“ nicht verbindlich zu nehmen, sondern vor allem auf eine möglichst stressfreie Fehlerbewältigung zu achten. Der Körper ist unser Freund; seien wir gern gnädig, entgegenkommend und freundlich – auch mit uns selbst. Es lohnt sich.

6 Kopiervorlagen

Liebe Leserinnen und Leser, im Folgenden finden Sie elf Kopiervorlagen zu Ihrem Gebrauch. Sie bilden eine praktische Ergänzung und stellen eine Möglichkeit dar, die Themen, die Sie als Lehrkraft gerade erfahren haben, konkret zu bearbeiten. Machen Sie Ihre Schülerinnen und Schüler mit den Kopiervorlagen neugierig, neugierig auf sich selbst und ihre Umwelt. Lassen Sie sie ihr Sicherheitsgefühl, ihre Körperempfindungen und die Verbindung zu anderen wahrnehmen und erkunden.

Sie können ein Arbeitsblatt, das zur Klassenthematik passt, auswählen oder eine ganze Unterrichtsreihe gestalten. Haben Sie den Mut mit Ihren Schülerinnen und Schülern auf neue Art und Weise in Kontakt zu treten. Laden Sie sie mithilfe der Kopiervorlagen ein, sich selbst zu begegnen und ihr Lernen zu unterstützen.

Die elfte Kopiervorlage ist eher als ein Basispapier gedacht, womit sich Schülerinnen und Schüler, ein Kollegium oder auch Lehrkräfte im Vorbereitungsdienst austauschen können über die Aufgabe, ihre Schule als sicheren Ort zu etablieren bzw. zu fördern. Ziel einer Pädagogik des sicheren Ortes ist es, eine vertrauensvolle Atmosphäre in der Schule zu bilden, in der Verlässlichkeit und Berechenbarkeit die Rahmenbedingungen sind. Das Wissen um die Bedeutung von Körperempfindungen und die Überlebensmechanismen des autonomen Nervensystems, lässt sich damit in einem Projekt breiter verankern. Auch kleine Prozesse bieten schon die Möglichkeit einer großen Veränderung für alle in der Schule!

Noch ein Wort zu unserem Emblem, das Sie auf den Kopiervorlagen rechts oben in der Ecke sehen – ein Tiger mit drei Sternen, die für Mut, Offenheit und die Bereitschaft Neues kennenzulernen stehen.

Zu diesen Themen finden Sie auf den folgenden Seiten Kopiervorlagen:

- **Körperempfindungen** (Meine/Deine Körperempfindungen)
- **Präsent sein** (Ich bin hier und nirgendwo anders. Ich bin präsent!)
- **Co-Regulation** (Ich kann andere unterstützen – aber wie?)
- **Titration** (Lernen gelingt Schritt für Schritt)
- **Ressourcen** (Meine Kraftquellen – Ich erforsche, was sich gut anfühlt)
- **Pendulation** (Hin und her, das ist nicht schwer – dann bleibe bei dem, was dir guttut!)
- **Grenzen** (Spiel mit und ohne Grenzen)
- **Körpergrenzen** (Mit dem Körpergespür im Gespräch – Was ist für mich okay, was nicht?)
- **Umgang mit Fehlern** (Aus Fehlern lernen – Es kommt darauf an, dass du dein Bestes gibst!)
- **Der sichere Ort I** (Die Schule als sicherer Ort – Wir bleiben im Dialog!)
- **Der sichere Ort II** (Institution Schule als sicherer Ort – Ein Basispapier)

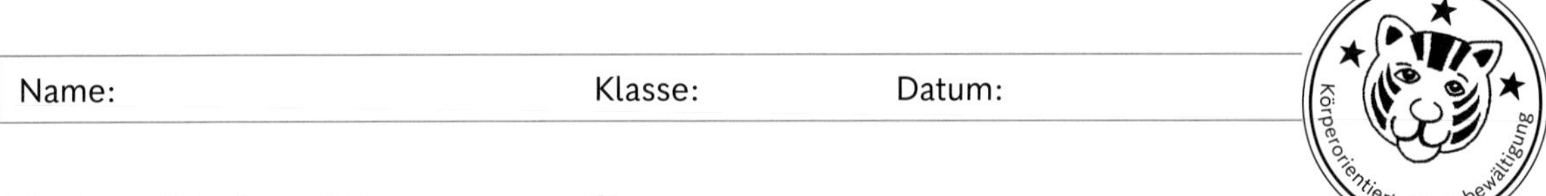

Meine/Deine Körperempfindungen

1. Setze dich bequem und aufrecht hin, als wolltest du mit deinem Kopf die Zimmerdecke berühren und stelle deine beiden Füße bequem auf den Boden.
2. Atme nun kurz ein und dann sehr langsam und lange aus, so als würdest du Seifenblasen pusten. Wiederhole dies drei Mal.
3. Nimm nun einen farbigen Stift zur Hand und umkreise unten die Wörter, die für dich gerade in den folgenden Satz passen: „In mir fühlt es sich … an.“
   Suche dir so viele Wörter hier aus, wie du möchtest:

durcheinander nervös WEIT

GELÄHMT zittrig eng angenehm

RUHIG **kalt** angespannt hektisch

offen **STARK** prickelnd ***warm***

Jetzt schau mal, ob sich etwas verändert, wenn du folgende Körperübung machst:

- Streiche deine Stirn aus. Dazu legst du deine beiden Handflächen nebeneinander auf die Stirn und lässt sie langsam zu den Seiten nach außen gleiten.
- Gehe mit deinen Zeigefingern zwischen die Augenbrauen und beginne erst die Augen zu umkreisen, dann die Nase und den Mund. Gehe anschließend zu deinen Ohren und umkreise sie.
- Massiere nun leicht deinen Nacken.
  Knete deine Schultern.
- Streiche deine Arme ab und dann
  deinen Bauch,
  den Rücken,
  die Beine vorne, an der Seite außen und innen und hinten.

Wie geht es dir jetzt? Nimm eine andere Farbe und markiere die nun passenden Wörter. Tauscht euch zu zweit über eure Erfahrungen aus. Ist alles gleichgeblieben oder hat sich etwas verändert?

Cornelsen

Erarbeitet von: Angela Adhikari, Dr. Eva Fenrich, Dirk Johannsen, Gabriele Kerber, Ulrike Loy, Sonja Ohm, Rita Wösten und Alexandra Zwigard, Körperorientierte Stressbewältigung, Cornelsen, 2023
Illustration: Ulrike Loy

Name: Klasse: Datum:

Körperorientierte Stressbewältigung

Ich bin hier und nirgendwo anders. Ich bin präsent!

Diese Übung kann dir helfen, wenn du einmal aufgeregt, durcheinander, traurig oder auch wütend bist. Versuch sie immer mal wieder!

1. Schaue dir das Bild genau an. ***Beschreibe, was du siehst.***

2. Setz dich nun bitte aufrecht auf deinen Stuhl, und stelle deine Füße nebeneinander auf den Boden. ***Was spürst du?***

3. Wie ist es, wenn du jetzt anfängst mit deinen Füßen erst langsam auf dem Boden zu trampeln, dann schneller wirst und sie schließlich wieder langsamer werden lässt, bis sie ruhig nebeneinanderstehen?

4. Was fühlt sich in dir nun etwas anders an als vor der Übung? Notiere es hier:

Erarbeitet von: Angela Adhikari, Dr. Eva Fenrich, Dirk Johannsen, Gabriele Kerber, Ulrike Loy, Sonja Ohm, Rita Wösten und Alexandra Zwigard, Körperorientierte Stressbewältigung, Cornelsen, 2023
Illustration: Ulrike Loy

Name:	Klasse:	Datum:

Ich kann andere unterstützen – aber wie?

Wenn du dich gut fühlst, kannst du auch gut und freundlich zu anderen sein.

1. Schaue dir die Zeichnung genau an. Was ist hier wohl los? Schreibe auf, was dir zum Bild einfällt:

2. Stell dir vor, der Junge ist neu an der Schule. ***Was kannst du tun, damit er sich gut einlebt?*** Kreuze die Antworten hier an, die dem Jungen ein Gefühl von Sicherheit geben können:
   - ☐ Ich biete ihm einen Platz neben mir in der Klasse an.
   - ☐ Ich gehe mit ihm in die Pause und zeige ihm den Schulhof und die Cafeteria.
   - ☐ Ich lasse ihn in der Pause allein im Klassenraum sitzen, da er bestimmt gut zurechtkommt.
   - ☐ Ich zeige ihm den Schulhund.
   - ☐ Ich frage ihn so viele Fragen, dass er noch nervöser wird.
   - ☐ Ich rede in Ruhe mit ihm.
   - ☐ Ich ignoriere ihn, da ich schon genug Freundinnen und Freunde habe.
   - ☐ Ich tue alles, was mir einfällt, damit er sich an unserer Schule wohlfühlen kann.

3. ***Was würde dir selbst guttun, wenn du neu an einer Schule bist?*** Mache dir Notizen und tausche dich mit deiner Nachbarin oder deinem Nachbarn aus. Ist vielleicht etwas Neues und Hilfreiches für dich dabei? Dann notiere auch das hier:

4. Spielt die Szene ***„Hilfe, ich bin neu an der Schule!"*** zu zweit nach!

Erarbeitet von: Angela Adhikari, Dr. Eva Fenrich, Dirk Johannsen, Gabriele Kerber, Ulrike Loy, Sonja Ohm, Rita Wösten und Alexandra Zwigard, Körperorientierte Stressbewältigung, Cornelsen, 2023
Illustration: Ulrike Loy

Name: Klasse: Datum:

Körperorientierte Stressbewältigung

Lernen gelingt Schritt für Schritt

Auf diesem Arbeitsblatt geht es darum ein Ziel zu erreichen, ohne dich zu überanstrengen.

1. ***Was ist für dich eine große Herausforderung, ein „großer Berg"?*** Kreuze an:

- ☐ eine Hausaufgabe
- ☐ eine Präsentation
- ☐ eine Klassenarbeit
- ☐ eine Zeugnisnote

2. Schaue dir den Berg an. Es gibt verschiedene Wege, die zum Ziel führen.

3. Überlege dir, für was die Wege für dich persönlich stehen könnten.

   Welcher Weg könnte für Nachhilfe stehen? Welcher Weg könnte für kurze Pausen stehen? Welcher Weg könnte für zielgerichtetes, konzentriertes Arbeiten ohne Ablenkung stehen? Welcher Weg könnte für ein Üben miteinander stehen?

4. Welchen Weg wählst du, um zu deinem Ziel zu gelangen? Zeichne den Weg mit einem farbigen Stift nach.

5. Welche neue Möglichkeit erkennst du, um zu deinem Ziel zu gelangen? Vervollständige den Satz:

   Um zu ______________________ (dein Ziel)
   zu gelangen, kann ich ______________________ (deine Möglichkeit)

6. Wie fühlt es sich an, dass du den Weg wählen darfst, der am besten zu dir passt? Schreibe hierzu deine Empfindungen auf:

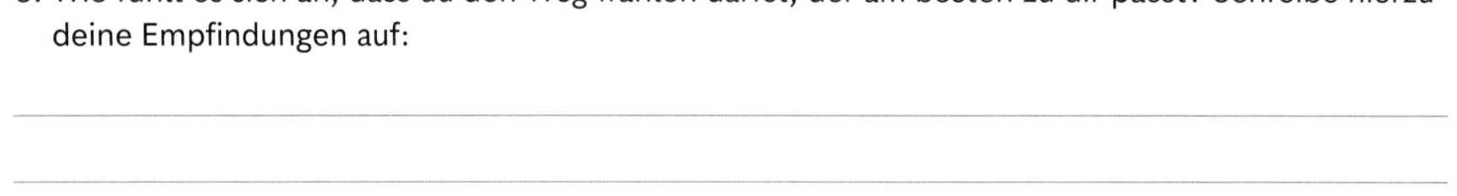

Cornelsen

Erarbeitet von: Angela Adhikari, Dr. Eva Fenrich, Dirk Johannsen, Gabriele Kerber, Ulrike Loy, Sonja Ohm, Rita Wösten und Alexandra Zwigard, Körperorientierte Stressbewältigung, Cornelsen, 2023
Illustration: Ulrike Loy

Name: Klasse: Datum:

Körperorientierte Stressbewältigung

Meine Kraftquellen – Ich erforsche, was sich gut anfühlt

1. Schreibe um die Schatztruhe herum, was dir in schwierigen Situationen besonders viel Mut und Kraft gibt.
2. Wie fühlt es sich an, eine so gut gefüllte Schatztruhe zu haben? Schreibe deine Körperwahrnehmungen und Gefühle dazu auf.

---

3. Male deine Schatztruhe so an, wie sie dir gefällt.

Cornelsen

Erarbeitet von: Angela Adhikari, Dr. Eva Fenrich, Dirk Johannsen, Gabriele Kerber, Ulrike Loy, Sonja Ohm, Rita Wösten und Alexandra Zwigard, Körperorientierte Stressbewältigung, Cornelsen, 2023
Illustration: Ulrike Loy

Name: Klasse: Datum:

Körperorientierte Stressbewältigung

Hin und her, das ist nicht schwer – dann bleibe bei dem, was dir guttut!

Wenn du von einer angenehmen zu einer unangenehmen Körperempfindung in dir in einem langsamen Tempo hin- und herschwingst, so kann dir das helfen mit Stress besser umzugehen.

1. Denke an einen Gegenstand, der dir angenehm ist, oder nimm einen in die Hand. Wie fühlt er sich an? Was spürst du in deinem Körper, wenn du ihn anfasst? Lege nun den Gegenstand wieder hin. Schreibe in die **rechte** Spalte unter der Pendeluhr unter ***angenehm*** deine Empfindungen.
2. Denke jetzt an einen Gegenstand, der dir eher unangenehm ist oder nimm einen in die Hand. Wie fühlt sich dieser Gegenstand an? Was spürst du jetzt in deinem Körper, wenn du ihn anfasst? Lege nun auch diesen Gegenstand wieder hin. Schreibe in die **linke** Spalte unter der Pendeluhr unter ***unangenehm*** deine Empfindungen.
3. Dann fahre mit deinem Zeigefinger langsam von der linken in die rechte Spalte und wieder zurück und verweile jeweils einen Augenblick zum Nachspüren. Das wiederholst du noch ein paarmal langsam hin und her bis du schließlich bei der ***angenehmen*** Spalte bleibst. Die Empfindungen dort kannst du bewusst genießen.

unangenehm	***angenehm***
______	______
______	______
______	______
______	______
______	______
______	______

Cornelsen

Erarbeitet von: Angela Adhikari, Dr. Eva Fenrich, Dirk Johannsen, Gabriele Kerber, Ulrike Loy, Sonja Ohm, Rita Wösten und Alexandra Zwigard, Körperorientierte Stressbewältigung, Cornelsen, 2023
Illustration: Ulrike Loy

Name: Klasse: Datum:

Körperorientierte Stressbewältigung

Spiel mit und ohne Grenzen

1. Probiere verschiedene Entfernungen mit deinem Stuhl zu deinem Tischnachbarn oder deiner Tischnachbarin aus. – Kannst du dabei Unterschiede in deinem Körper wahrnehmen? Schreibe deine Erfahrung hier auf:

2. Nimm nun einen Gegenstand wie ein langes Lineal oder einen Stift und lege ihn als Grenze auf die Mitte des Tisches, wenn du an einem Doppeltisch sitzt. Gibt es einzelne Tische, so schiebt immer zwei zusammen, um dann eine Mitte zwischen zwei Tischen zu haben. Auch hier könnt ihr ein Lineal verwenden, um die Mitte in die eine oder andere Richtung zu verschieben.

3. Wie fühlt es sich für euch beide jeweils an, wenn das Lineal oder ein langer Stift in der Mitte des Tisches liegt? Kreuze an:

   - ☐ angenehmer
   - ☐ unangenehmer
   - ☐ unverändert

4. Verändere die Lage des Lineals auf dem Tisch. Was passiert in dir, wenn dein Raum größer oder kleiner wird? Beschreibe deine Beobachtungen hier genau:

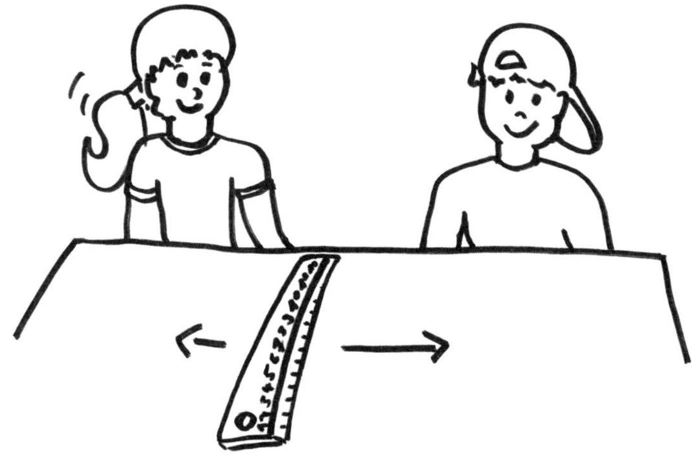

5. Was bedeutet deine Entdeckung für deinen Schulalltag? Notiere hier deine Gedanken:

Cornelsen

Erarbeitet von: Angela Adhikari, Dr. Eva Fenrich, Dirk Johannsen, Gabriele Kerber, Ulrike Loy, Sonja Ohm, Rita Wösten und Alexandra Zwigard, Körperorientierte Stressbewältigung, Cornelsen, 2023
Illustration: Ulrike Loy

Name: Klasse: Datum:

Körperorientierte Stressbewältigung

Mit dem Körpergespür im Gespräch – Was ist für mich okay, was nicht?

Stell dir vor ... es regnet gerade in der Pause. Deine Klasse bleibt wie alle anderen Klassen im Schulgebäude und es ist laut. Ihr bewegt euch im Klassenraum und auf den Fluren. Es ist sehr voll. Du hast Hunger und willst schnell zur Cafeteria. Dabei stößt du auf dem Weg immer wieder an andere an, weil so viel los ist. Eure Rücken rempeln aneinander, jemand greift deine Hand und drückt deine Finger, jemand anderes zupft an deinen Haaren und staunt, wie lang die sind, zum Schluss knautscht noch jemand dein Gesicht und drückt dich kumpelhaft in die Seite.

1. Wie geht es dir damit? Schreibe hier auf, was du empfindest:

2. Was sagt dein Körper? ***Lies die folgenden Fragen***:
   - Wo macht es mir nichts aus, wenn ich so berührt werde?
   - Wo will ich lieber gefragt werden?
   - Wo möchte ich auf gar keinen Fall berührt werden?

Nimm für jede Antwort einen anderen Farbstift und zeichne die Stellen in den zwei Bildern ein:

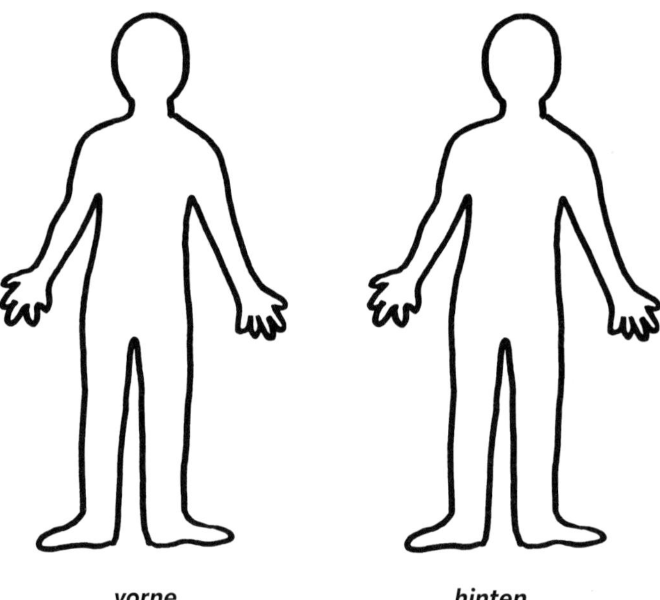

vorne ***hinten***

3. Besprich die Ergebnisse mit deinen Nachbarn. Überlegt, was sie für euren Alltag bedeuten.

Cornelsen

Erarbeitet von: Angela Adhikari, Dr. Eva Fenrich, Dirk Johannsen, Gabriele Kerber, Ulrike Loy, Sonja Ohm, Rita Wösten und Alexandra Zwigard, Körperorientierte Stressbewältigung, Cornelsen, 2023
Illustration: Ulrike Loy

Name: Klasse: Datum:

Körperorientierte Stressbewältigung

Aus Fehlern lernen – Es kommt darauf an, dass du dein Bestes gibst!

Timo ist in der neunten Klasse und obwohl er sich immer auf seine Mathearbeiten vorbereitet, ist er unzufrieden mit seinen Mathenoten. Vor jeder Arbeit ist er aufgeregt und Sätze wie „Ich schaffe das eh nicht" und „Ich bin einfach eine Niete" wirbeln in seinem Kopf herum. Er wird immer mutloser und nervöser.

Ich schaffe das eh nicht!	*Ich habe mich gut vorbereitet, ich gebe mein Bestes!*
Ich bin einfach eine Niete.	*Ich war fleißig und habe alles getan, was in meiner Macht steht.*

1. Wie geht es dir, wenn du die Sätze auf der linken Seite in der Tabelle liest? Was spürst du im Körper? Verändert sich deine Körperhaltung? Fühlt es sich angenehm oder unangenehm an? Bleibe nur kurz bei dieser Vorstellung.
2. Beobachte nun deine körperlichen Reaktionen, wenn du die Sätze auf der rechten Seite der Tabelle liest. Verändert sich deine Körperhaltung? Was nimmst du in deinem Körper wahr? Fühlt es sich angenehm oder unangenehm an?
3. Bleibe bei den angenehmen Körperempfindungen und schaue, ob sich diese Gefühle in deinem Körper noch weiter ausdehnen.
4. Stell dir nun vor, wie du die Klassenarbeit zurückbekommst. Der Lehrer kommt mit freudiger Miene auf dich zu und sagt zu dir: „Du hast das richtig gut gemacht! Du wirst immer besser." Wie geht es dir? Was spürst du?
5. Versuche immer wieder einmal im Laufe des Tages dich kurz an diese angenehmen Empfindungen und die Körperhaltung zu erinnern.
6. Vielleicht gibt es eine kleine Bewegung, die dir guttut, wie zum Beispiel Daumen hoch. Diese Geste kannst du wiederholen, wann immer du es möchtest.

Cornelsen

Erarbeitet von: Angela Adhikari, Dr. Eva Fenrich, Dirk Johannsen, Gabriele Kerber, Ulrike Loy, Sonja Ohm, Rita Wösten und Alexandra Zwigard, Körperorientierte Stressbewältigung, Cornelsen, 2023
Illustration: Ulrike Loy

Körperorientierte Stressbewältigung

Name: Klasse: Datum:

Die Schule als sicherer Ort – Wir bleiben im Dialog!

1. Lies die folgenden Fragen und überlege kurz, was deine Antwort ist. Markiere sie:
   - Fühlst du dich in deiner Schule wohl?

     ☐ Ja ☐ Meistens ☐ Manchmal ☐ Nein

   - Fühlst du dich sicher und mit deinen Mitschülerinnen und Mitschülern sowie Lehrkräften gut verbunden?

     ☐ Ja ☐ Meistens ☐ Manchmal ☐ Nein

2. Gibt es etwas, was deine Lehrkräfte tun können, damit du dich noch wohler und sicherer fühlst? Notiere hier, was dir dazu einfällt:

3. Frage deine Lehrkraft gemeinsam mit deinen Mitschülerinnen und Mitschülern, ob ihr noch etwas beitragen könnt, damit auch sie sich in der Klasse mit euch wohlfühlt.

4. Überlegt gemeinsam, welche Grundregeln es braucht, damit sich alle in der Klasse wohl und sicher fühlen können. Gestaltet zusammen ein Plakat mit euren erarbeiteten Grundregeln und bestätigt sie mit eurer Unterschrift.

5. ***Zusatz:*** Welche Regeln fallen euch für die gesamte Schule ein?

Cornelsen

Erarbeitet von: Angela Adhikari, Dr. Eva Fenrich, Dirk Johannsen, Gabriele Kerber, Ulrike Loy, Sonja Ohm, Rita Wösten und Alexandra Zwigard, Körperorientierte Stressbewältigung, Cornelsen, 2023
Illustration: Ulrike Loy

Name: Klasse: Datum:

Institution Schule als sicherer Ort – Ein Basispapier

Ein sicherer Ort ist für jede Person im Schulkontext sehr individuell. Diese Kopiervorlage ist für alle am Schulbetrieb beteiligten Personen gedacht, um sich mit dieser Thematik näher zu beschäftigen.*

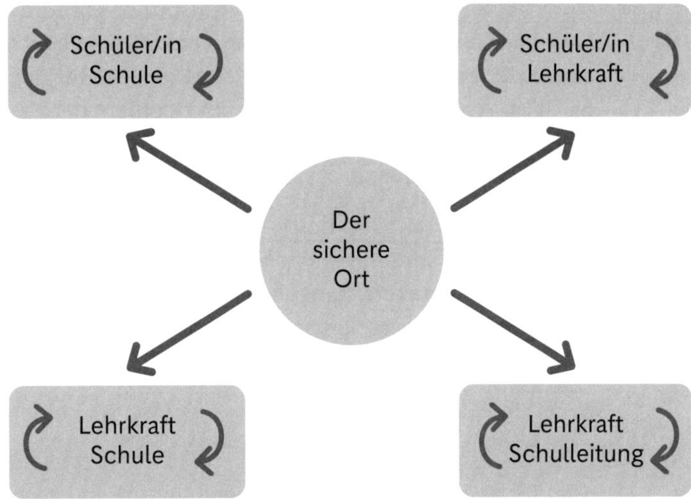

Ideen für Fragestellungen:

1. Was benötigen die Schülerinnen und Schüler, um sich in der Schule sicher zu fühlen?
2. Was benötigen die Schülerinnen und Schüler, um sich mit der Lehrkraft sicher zu fühlen?
3. Was benötigt die (neue) Lehrkraft, um sich in der Schule sicher zu fühlen?
4. Was benötigt die Lehrkraft von der Schulleitung, um sich sicher fühlen zu können?
5. Was benötigt die Schulleitung, um sich tagtäglich sicher zu fühlen?

Was wird schon umgesetzt, was können Sie oder könnt ihr schon morgen, was mittelfristig und was langfristig umsetzen?

Machen Sie sich oder macht ihr euch hier gern ein paar Notizen:

Viel Freude bei dem spannenden Prozess, die Schule zu einem sicheren Ort für alle werden zu lassen!

* Vgl. Weiß, W.; Kessler, T.; Gahleiter, S. B. (2016). Handbuch Traumapädagogik. Weinheim: Beltz Verlag, S. 26

Erarbeitet von: Angela Adhikari, Dr. Eva Fenrich, Dirk Johannsen, Gabriele Kerber, Ulrike Loy, Sonja Ohm, Rita Wösten und Alexandra Zwigard, Körperorientierte Stressbewältigung, Cornelsen, 2023
Illustration: Ulrike Loy

Glossar

Begriff	Bedeutung
autonomes Nervensystem	Der Teil des Nervensystems, der der willkürlichen Kontrolle entzogen ist. Das autonome Nervensystem regelt lebenswichtige Funktionen, wie Atmung, Verdauung, Stoffwechsel, einzelne Organe und Überlebensmechanismen.
Basiskonzept Somatic Experiencing (SE)®	Das englische Wort „Somatic Experiencing" wird auch als „somatisches Erleben" übersetzt. Beides ist bekannt unter der Abkürzung „SE". Das Wort „Basiskonzept" macht deutlich, dass es ein grundlegendes Fundament ist für körperorientierte Arbeit in verschiedenen (beruflichen) Bereichen.
Bottom-up-Prinzip	Das Gegenteil vom „Top-down-Prinzip". Während Top-down ein kognitives Lernen bedeutet, geht Lernen durch das Bottom-up-Prinzip über körperliche Sinneserfahrungen. Somatic Experiencing (SE)® arbeitet nach dem körperorientierten Bottom-up-Prinzip.
Dysregulation	Eine Fehlregulation im autonomen Nervensystem führt zur eingeschränkten Fähigkeit emotional angemessen zu reagieren (sowohl in der Stärke als auch der Art und Weise).
dissoziative Störung	Bedeutet den teilweisen oder völligen Verlust von Wahrnehmungen, Erinnerungen, Identitätsbewusstsein und Kontrolle der Körperbewegungen und wird damit zur Störung. Sie ist ein Schutzmechanismus für ein früher erlebtes überwältigendes Ereignis.
dorsaler Vagus	Er ist der Teil des zehnten Hirnnervs (Vagusnerv), der nach hinten zum Rücken hin abzweigt und dann hauptsächlich die Organe unterhalb des Zwerchfells mit dem Gehirn verbindet. Er regelt u. a. die Schutzmechanismen der Erstarrung.
Entwicklungstrauma	Wenn es in der Kindheit und Jugend an emotionaler Verbundenheit und einem Sicherheitsgefühl mangelt, kommt es zu einem Entwicklungstrauma. Vernachlässigung, (sexualisierte) Gewalt, aber auch sonstiges Fehlen von stimmigem, nährendem Kontakt über einen längeren Zeitraum können Auslöser für eine Dysregulierung im (früh-)kindlichen autonomen Nervensystem sein. Deren Folgen können ein Leben lang bleiben, wenn sie nicht aufgelöst werden.
Felt Sense	Der Begriff kommt aus der körperorientierten Arbeit „Focusing" von Eugene T. Gendlin und beschreibt Erlebensprozesse im Körper.
Hirnstamm	Er ist der älteste Gehirnteil des Menschen. Er reguliert, koordiniert und moduliert essenzielle Lebensfunktionen, wie zum Beispiel die Steuerung der Herzfrequenz und der Atmung.
Körpergedächtnis	Es ist die in den Zellen gespeicherte Information zu Lebensereignissen. Wissenschaftlich wird dieses Gedächtnis noch weiter erforscht.
Parasympathikus	Der Parasympathikus ist der Teil des autonomen Nervensystems, der überwiegend der Regeneration des Organismus, der Entspannung und dem Aufbau von Energiereserven dient. Das innere Gleichgewicht (die Homöostase) des Organismus wird unter seinem Einfluss wieder hergestellt.

Begriff	Bedeutung
Pendulation	Eine Methode von Somatic Experiencing (SE)®. Es wird die Aufmerksamkeit von einem Wohlgefühl im Körperempfinden kurz zu einer unangenehmen Körperempfindung gelenkt und dann wieder zurück zur Ressource. Dieser sachte Pendulations-Effekt steigert die Resilienz und löst (traumatischen) Stress.
polyvagale Leiter	Es gibt laut stressphysiologischer Forschung eine festgelegte Reihenfolge, in der der menschliche Körper auf Stress reagiert – von sozial und ruhig über Flucht/Kampf zum Shutdown bzw. zur Dissoziation.
Polyvagaltheorie	Die Theorie von Dr. Stephen Porges über den Einfluss des autonomen Nervensystems auf das Erleben von Sicherheit und sozialer Verbundenheit. Beispielsweise können Störungen im autistischen Spektrum sowie Lernstörungen mit ihr erklärt werden.
posttraumatische Belastungsstörung (PTBS)	Dies ist eine klinische Diagnose für eine Auswahl von Symptomen, die mehrere Wochen oder Monate nach einer belastenden Situation mit außergewöhnlicher Bedrohung auftreten können.
Prosodie	Die Gesamtheit der Sprecheigenschaften wird so bezeichnet – Intonation, Akzentuierung, Lautstärke, Sprechmelodie, Klangfarbe, Sprechrhythmus, Sprechgeschwindigkeit und Pausen, also die akustisch wahrnehmbaren Ausdrucksformen des Gesprochenen.
Regulation	Die Fähigkeit sich wieder zu beruhigen. Ein Säugling kann sich noch nicht selbst regulieren. Er reguliert sich über den Kontakt zu seiner Bezugsperson. Im späteren Leben kann Regulation durch stimmigen Kontakt ausgebaut werden.
Resilienz	Resilienz ist ein Begriff für die psychische Widerstandsfähigkeit. Sie beschreibt die Fähigkeit zur erfolgreichen Anpassung an schwierige oder herausfordernde Lebenserfahrungen.
Ressource	Sie ist das, was der Beruhigung und Stärkung dient, zum Beispiel ein Mensch, ein Tier, ein Ort, ein Ritual, eine Tätigkeit. Ressourcen fühlen sich im Körperempfinden angenehm an.
Schocktrauma	Das ist die Auswirkung eines einzelnen abgegrenzten Ereignisses, das zu viel, zu schnell, zu heftig für eine Person ist und ihr Nervensystem überwältigt. Dies kann z. B. ein Unfall, eine Operation, ein Verlust, eine Vergiftung, ein Amoklauf oder (sexualisierte) Gewalt sein.
Schulhund	Ein speziell ausgebildeter Hund, der für die tiergestützte Pädagogik geeignet ist. Soziale, kognitive und lebenspraktische Kompetenzen werden bei den Schülerinnen und Schülern durch den Schulhund gefördert.
Somatic Experiencing (SE)®	Das ist ein Basiskonzept zur Arbeit mit (traumatischem) Stress anhand modernster Erkenntnisse über Abläufe im autonomen Nervensystem. Es wurde von Dr. Peter A. Levine entwickelt und bildet die Grundlage für das vorliegende Buch.
Sympathikus	Er ist der Teil des autonomen Nervensystems, der den Körper in erhöhte Leistungsbereitschaft versetzt um aktiv zu werden. Bei Gefahr hilft er sich zu verteidigen und zu fliehen.

Begriff	Bedeutung
Titration	Das ist ein Begriff aus der Chemie. Als körperorientierte Methode ermöglicht sie ein dosiertes kleinschrittiges Vorgehen bei hohen Erregungszuständen im autonomen Nervensystem.
vegetatives Nervensystem	Siehe Eintrag zum autonomen Nervensystem.
ventraler Vagus	Er ist der Teil des zehnten Hirnnervs (Vagusnerv), der nach vorn zum Gesicht und Brustkorb hin abzweigt. Er ist der neueste Teil im Überlebensmechanismus des autonomen Nervensystems und stellt eine Verbindung zum Gehirn zwischen Mimik, Stimme, Gehör und Herz, Lunge her.
Vigilanz	Dies bezeichnet eine erhöhte Wachsamkeit, die sich u. a. durch innere Unruhe und ständiges Umherschauen zeigt.
window of tolerance	Dieses Denkmodell wurde 1999 von Dr. Daniel Siegel entwickelt und verdeutlicht den Resilienzbereich eines Menschen.

Alle vorgestellten Übungen auf einen Blick

Selbsterfahrung ist im Prozess der Arbeit mit dem Nervensystem die Basis für eine gelingende Umsetzung.

In der Übersicht auf dieser Seite steht ein ★ für eine der körperorientierten Übungen in diesem Buch. Sie sehen also auf einen Blick, wie viele Übungen ein Kapitel bereithält. Damit Sie diese flexibel nutzen können, haben wir zwei Kategorien gebildet. Auch ein Üben mit der gesamten Klasse ist möglich. Wir empfehlen, die Gruppenübungen vorher erst selbst zu erfahren, bevor Sie sie anleiten.

Schlagen Sie in den jeweiligen Kapiteln nach, so werden Sie hoffentlich schnell fündig. Zur Orientierung finden Sie dort die Übungen auch immer markiert.

Viel Freude beim Tun!

	Einzelübung zur Selbsterfahrung	**(Auch) eine Übung für die Klasse**
Kapitel 1 Stressbewältigung	★ ★ ★	★
Kapitel 2 Somatic Experiencing (SE)® in der Schule	★ ★ ★	
Kapitel 3 Gefühl von Sicherheit	★	
Kapitel 3.1 Präsenz	★ ★ ★ ★	★ ★
Kapitel 3.2 Orientierung	★ ★ ★ ★ ★	★ ★
Kapitel 3.3 Selbstregulation	★ ★ ★	★
Kapitel 3.4 Co-Regulation	★	
Kapitel 4.1 Ressourcenbildung	★ ★ ★	★
Kapitel 4.2 Pendulation	★ ★	★
Kapitel 4.3 Titration	★ ★	
Kapitel 4.4 Grenzen setzen	★ ★ ★	★ ★
Kapitel 5 Aus der Begegnung mit Fehlern lernen	★	

Weiterführendes

Wir freuen uns, wenn Sie Geschmack gefunden haben an der körperorientierten Stressbewältigung. Mögen Sie noch tiefer und intensiver in dieses Thema einsteigen? Dann geben wir Ihnen hier abschließend gern einige Hinweise.

Literaturhinweise

Mit folgenden Büchern können Sie Ihr Fachwissen zu Somatic Experiencing (SE)® (vor allem in Bezug auf Kinder und Jugendliche) weiter vertiefen:

Grüber, I. (2021). Resilienz. Dein Körper zeigt dir den Weg. Wirksame Übungen für innere Stärke und gute Nerven. Selbsthilfe mit Somatic Experiencing (SE)® nach Dr. Peter Levine. München: Irisiana Verlag.

Kline, M. (2020). Brain-changing strategies to trauma-proof our schools. A heart-centered movement for wiring well-being. Berkeley, CA: North Atlantic Books. (Eine deutsche Übersetzung ist eventuell in Planung.)

Levine, P. A. (2011). Sprache ohne Worte. Wie unser Körper Trauma verarbeitet und uns in die innere Balance zurückführt. München: Kösel Verlag.

Levine, P. A.; Kline, M. (2005). Verwundete Kinderseelen heilen. Wie Kinder und Jugendliche traumatische Erlebnisse überwinden können. München: Kösel Verlag.

Dieses Buch zeigt, was die Polyvagaltheorie in der Schule bewirken kann:

Schmid, S.; Müller, E. (2022). Gelbe Schule. Gelassenheit und Präsenz durch sichere persönliche Verbindungen. Heidelberg: Carl-Auer Verlag.

Auch diese Bücher mit Fachwissen könnten Sie interessieren:

Bentzen, M. (2016). Das neuroaffektive Bilderbuch. Lightening Source.

Bentzen, M. (2018). Das neuroaffektive Bilderbuch 2: Sozialisation und Persönlichkeit. Lightening Source.

Ehinger, M. (2018). Präsenz. Handlungsspielräume erkennen und gestalten. Frankfurt am Main: Edition Faust.

Jensen, H. (2014). Hellwach und ganz bei sich. Achtsamkeit und Empathie in der Schule. Weinheim Basel: Beltz Verlag.

Juul, J.; Høeg, P.; Bertelsen, J.; Hildebrandt, S.; Jensen, H.; Stubberup, M. (2012). Miteinander. Wie Empathie Kinder stark macht. Weinheim Basel: Beltz Verlag.

Kohler-Spiegel, H. (2017). Traumatisierte Kinder in der Schule verstehen – auffangen – stabilisieren. Ostfildern: Patmos Verlag.

Rosenberg, S. (2018). Der Selbstheilungsnerv. So bringt der Vagus-Nerv Psyche und Körper ins Gleichgewicht. Mit acht einfachen Übungen. Kirchzarten bei Freiburg: VAK Verlags GmbH.

Ans Herz legen möchten wir Ihnen folgende Bücher zur Achtsamkeit (in der Schule):

Andersen, A. (2020). Achtsamkeit im Unterricht. Konzentration, Entspannung und Wahrnehmung trainieren, alle Schulformen. Berlin: Cornelsen Verlag GmbH.

Hanson, R. (2018). Denken wie ein Buddha. Gelassenheit und innere Stärke durch Achtsamkeit. Wie wir unser Gehirn positiv verändern. München: Wilhelm Heyne Verlag.

Rechtschaffen, D. (2016). Die achtsame Schule. Achtsamkeit als Weg zu mehr Wohlbefinden für Lehrer und Schüler. Freiburg i.Br.: Arbor Verlag.

Direkt mit eigenem Tun loslegen können Sie darüber hinaus mit diesen Büchern:

Bohnet, K. (2019). Die Reise des Schmetterlings. Stressregulation für Kinder. Ein Vorlese- und Mitmachbuch. Norderstedt: Verlag BoD – Books on Demand.

Croos-Müller, C. (2011). Kopf hoch – das kleine Überlebensbuch: Soforthilfe bei Stress, Ärger und anderen Durchhängern. München: Kösel Verlag.

Croos-Müller, C. (2012). Nur Mut. Das kleine Überlebensbuch. Soforthilfe bei Herzklopfen, Angst, Panik & Co. München: Kösel Verlag.

Croos-Müller, C. (2017). Alles gut. Das kleine Überlebensbuch. Soforthilfe bei Belastung, Trauma & Co. München: Kösel Verlag.

Croos-Müller, C. (2017). Bleib cool. Das kleine Überlebensbuch für starke Nerven. Soforthilfe bei Stress, Arbeitsfrust & Co. München: Kösel Verlag.

Dana, D. (2021). Flipchart Polyvagal-Theorie. Der Einfluss des autonomen Nervensystems auf das Erleben von Sicherheit und Verbundenheit. Lichtenau/Westfalen: G. P. Probst Verlag.

Heldt, U. (2020). So klappt gewaltfreie Kommunikation in der Sek. I. GfK in der Schule. Die Methode zum konstruktiven Umgang mit Störungen, Wut und Aggression (5.–13. Klasse). Hamburg: aol Verlag.

Zum Schmökern für Menschen ab sechs Jahre bietet sich dieser Roman an:

Thimm, M. (2021). Bjarne und der Minister für Sicherheit. Hamburg: Tredition Verlag.

Kontakthinweis

Wir sind neugierig zu erfahren, inwiefern Sie und Ihre Schülerinnen und Schüler von der körperorientierten Stressbewältigung mit dem Nervensystem profitieren.

Bei Fragen, Anmerkungen und sonstigen Rückmeldungen oder bei Interesse an Fortbildungen zum Thema können Sie uns unter dieser Adresse erreichen:

neueSchulmethoden@somatic-experiencing.de

Herzliche Grüße!

Angela Adhikari, Dr. Eva Fenrich, Dirk Johannsen, Gabriele Kerber,
Ulrike Loy, Sonja Ohm, Rita Wösten und Alexandra Zwigard

Dank

Dieses Buch ist ein Herzensprojekt und wir sagen allen Danke, die uns bei der Herstellung dieses Buches direkt und indirekt unterstützt, wertvolle Tipps gegeben und zur Seite gestanden haben.

Unser besonderer Dank gilt dem Somatic Experiencing (SE)® Berufsverband und insbesondere der Vorsitzenden Doris Mueller, die uns nicht nur die Idee zu diesem Buch gegeben hat, sondern uns auch während des gesamten Entstehungsprozesses mit Esprit tatkräftig und Rat gebend begleitet hat.

Die Autorin Dr. Dorothea Rahm hat am Anfang wichtige Hinweise und Inspirationen für die Entstehung des Buches gegeben.

Thomas Lang hat uns an ausgewählten Stellen bestens unterstützt.

Wir danken dem weltweit engagierten Alé Duarte für den motivierenden Leitsatz, der die Essenz unseres Buches auf den Punkt bringt.

Es ist uns ein Anliegen die mutige junge Frau zu erwähnen, die ihre ganz persönlichen Erfahrungen mit uns geteilt hat und damit das Buch lebendiger macht.

Allen Kindern und Jugendlichen, die uns täglich Inspiration und Herausforderung sind, danken wir.

Ganz, ganz herzlichen Dank all unseren Familienmitgliedern, Freundinnen und Freunden, dass sie uns den Freiraum für die endlosen Onlinebesprechungen dieses Projektes gegeben haben.

Ein großes Dankeschön gilt den Mitarbeiterinnen und Mitarbeitern des Cornelsen Verlages für ihr Vertrauen, das uns ermöglicht körperorientierte Stressbewältigung in die Schulen zu bringen.

Danke

Endnoten

1 Vgl. Levine, P. A. (1997). Waking the tiger. Healing trauma. Berkeley, CA: North Atlantic Books, p. 1.
2 Vgl. Levine, P. A. (1997). Waking the tiger. Healing trauma. Berkeley, CA: North Atlantic Books.
3 Vgl. Levine, P. A. (2010). In an unspoken voice. How the body releases trauma und restores goodness. Berkeley, CA: North Atlantic Books, p. 52.
4 Vgl. Gendlin, E. T. (1969). Focusing. Psychotherapy: Theory, research & practice, 6(1), pp. 4–15.
5 Vgl. Birbaumer, N.; Schmidt, R. F. (2010). Biologische Psychologie. Lehrbuch. 7. Auflage. Berlin: Springer, S. 101 ff.
6 Vgl. Porges, S. W. (2021). Polyvagal theory: A biobehavioral journey to sociality, Comprehensive psychoneuroendocrinology. Volume 7, Link: https://doi.org/10.1016/j.cpnec.2021.100069 (aufgerufen am 02.11.2022).
7 Vgl. Porges, S. W. (1995). Orienting in a defensive world: Mammalian modifications of our evolutionary heritage. A polyvagal theory. Psychophysiology, 32, pp. 301–318.
8 Diese verschiedenen Ebenen werden auch als „Triune Brain" („Dreiteiliges Gehirn") bezeichnet. Vgl. MacLean, P.D. (1988). Triune Brain. In: Comparative Neuroscience and Neurobiology. Readings from the Encyclopedia of neuroscience. Birkhäuser, Boston, MA, Link: https://doi.org/10.1007/978-1-4899-6776-3_51 (aufgerufen am 02.11.2022).
9 Vgl. Siegel, D. J. (1999). The developing mind: Toward a neurobiology of interpersonal experience. Guilford Press.
10 Vgl. Gebauer, K.; Hüther, H. (2014). Kinder brauchen Vertrauen: Erfolgreiches Lernen durch starke Beziehungen, Patmos Verlag.
11 Vgl. Brammell, A. L. (2020). Imagining a polyvagal and trauma-informed elementary school classroom: A depth psychological approach. Master Thesis Pacifica Graduate Institute.
12 Vgl. Hastings, M. H.; Maywood, E.S.; Brancaccio, M. (2018). Generation of circadian rhythms in the suprachiasmatic nucleus. Nat Rev Neurosci 19, pp. 453–469, Link: https://doi.org/10.1038/s41583-018-0026-z (aufgerufen am 02.11.2022).
13 Vgl. Campbell, B. A.; Wood, G.; McBride, T. (1997). "Origins of orienting and defensive responses: An evolutionary perspective." Attention and orienting: Sensory and motivational processes, pp. 41–67.
14 Mündliches Zitat von Peter Levine, zuletzt gehört auf einer Tagung in Bad Boll 2022.
15 Übersetzung ins Deutsche durch Angela Adhikari nach: Pattakos, A. (2004). Prisoners of our thoughts: Viktor Frankl's principles for discovering meaning in life and work. Berrett-Koehler Publishers, p. IX.
16 Vgl. Porges, S. (2015). Making the world safe for our children: Down-regulating defence and up-regulating social engagement to optimise the human experience. Children Australia, Volume 40, Number 2, pp. 114–123, Link: https://integratedlistening.com/wp-content/uploads/2020/10/children-australia-2015-porges.pdf (aufgerufen am 02.11.2022).
17 Vgl. Bentzen, M.; Hart, S. (2016). Neuroaffektive Therapie mit Kindern und Jugendlichen, Probst Verlag, S. 27 ff.
18 Vgl. Levine, P. A. (2010). In an unspoken voice. How the body releases trauma und restores goodness. Berkeley, CA: North Atlantic Books. Außerdem dazu: Dinkel-Pfrommer, E.; Meggyesy, S.; Rahm, D. (2019). Kontakt findet an der Grenze statt. Arbeit mit Grenz- und Beziehungserfahrungen. In: Rahm, D.; Meggyesy, S. (Hrsg.). Somatische Erfahrungen in der psychotherapeutischen und körpertherapeutischen Traumabehandlung. Wie wir durch heilsame Begegnungsprozesse lernen können, unsere Nervensysteme zu regulieren und uns wieder sicher und aufgehoben zu fühlen. Lichtenau/Westfalen: G.P. Probst Verlag, S. 261 ff.
19 Vgl. Wustmann, C. (2005). Die Blickrichtung der neueren Resilienzforschung. Wie Kinder Lebensbelastungen bewältigen. In: Zeitschrift für Pädagogik 51 (2005) 2, S. 192–206. URN: urn:nbn:de:0111-opus-47486. DOI: 10.25656/01:4748.
20 Vgl. Grüber, I. (2021). Resilienz – Dein Körper zeigt dir den Weg: Wirksame Übungen für innere Stärke und gute Nerven – Selbsthilfe mit Somatic Experiencing (SE)® nach Dr. Peter Levine. München: Irisiana Verlag.
21 Ressourcen fördern Resilienz nicht nur im Kleinen, sondern auch bei großen Herausforderungen wie beispielsweise der COVID 19 Pandemie (Vgl. Holyfield-Moss, B; Howard, A. K.; Murty, K. S. (2022). Youth experiences through the journey of resiliency. Arch epidemiol pub health res, 1(1), pp. 34–40.)
22 Vgl. Somatic Experiencing® International (2022). SE™ Stabilization and safety aid, Link: https://traumahealing.org/scope/ (aufgerufen am 02.11. 2022).
23 Vgl. Heitzler, M. (2013). Broken boundaries, invaded territories: The challenges of containment in trauma work. International Body Psychology Journal, 12(1), pp. 28–41.
24 Mündliches Zitat von Peter Levine, zuletzt gehört auf einer Tagung in Bad Boll 2022.

Verfasst haben dieses Buch ...

Angela Adhikari, Deutsch- und Religionslehrerin an einer Gesamtschule mit Grundstufe in Hessen. Sie ist interkulturelle Sprachförderin mit Zertifikat Deutsch als Fremdsprache (DaF), Schulbuchautorin, Erzählerin und Somatic Experiencing Practitioner.

Dr.-Ing. Eva Fenrich, Wissenschaftlerin, Dozentin, Somatic Experiencing Practitioner, Assistentin im Kids in Tune™ Training, Heilpraktikerin für Psychotherapie. Sie ist im Bereich Bildung für nachhaltige Entwicklung tätig, gibt Kurse für (hoch-)begabte Kinder u. a. an Hector Akademien in Baden-Württemberg und arbeitet in eigener Praxis mit Kindern, Jugendlichen und ihren Familien.

Dirk Johannsen, Heilpraktiker für Psychotherapie mit Schwerpunkt Trauma in eigener Praxis. Er ist Somatic Experiencing sowie Bodynamic Practitioner und gibt in Workshops und Einzelberatungen sein Wissen weiter. Auch ist er als Scrum Master in der IT in Frankfurt am Main tätig. Weitere Qualifikationen sind Diplom Mathematiker, zertifizierter Projektmanager (GPM) und Tai-Chi-Lehrer.

Gabriele Kerber, Grund- und Hauptschullehrerin in Baden-Württemberg, Systemische Familientherapeutin und Somatic Experiencing Practitioner. Sie leitet Supervisions- und Fallbesprechungsgruppen in verschiedenen pädagogischen Kontexten und ist Referentin im Bereich Lehrer- und Lehrerinnengesundheit.

Ulrike Loy, Diplom-Designerin, Dozentin an Jugendkunstschulen sowie private Englischlehrerin an einer Grundschule und einer eigenen Sprachschule in Nordrhein-Westfalen. Sie ist Heilpraktikerin für Psychotherapie, Somatic Experiencing Practitioner und arbeitet mit Kindern in Kitas und Grundschulen.

Sonja Ohm, Diplom Sozialpädagogin, Traumapädagogin und Somatic Experiencing Practitioner. Sie ist Trägerin und Leiterin einer Jugendhilfeeinrichtung für Mädchen und junge Mütter/Väter in Schleswig-Holstein.

Rita Wösten, Förderschullehrerin an einer Grundschule und Somatic Experiencing Practitioner in Niedersachsen. Sie ist beratend tätig an emsländischen Schulen zu Fragen des Umgangs mit emotional und sozial herausforderndem Verhalten.

Alexandra Zwigard, Sekundarschullehrerin in Baden-Württemberg mit den Fächern Englisch, Kunst und Deutsch als Fremdsprache/Zweitsprache. Sie ist qualifiziert als Heilpraktikerin für Psychotherapie, ausgebildet in Somatic Experiencing (SE)®, Integraler Somatischer Psychotherapie (ISP™) und Neuroaffektiver Persönlichkeitsentwicklung (NADP). Sie ist auch Trainerin für EmotionAid®.